一本书学会子公司改分公司

高喜章　赵阳　张骁 / 编著

大连出版社

© 高喜章 赵阳 张骁 2025

图书在版编目（CIP）数据

一本书学会子公司改分公司 / 高喜章, 赵阳, 张骁编著. -- 大连 : 大连出版社, 2025.1（2025.4重印）. ISBN 978-7-5505-2272-5

Ⅰ. F279.241

中国国家版本馆CIP数据核字第202574251V号

YI BEN SHU XUEHUI ZIGONGSI GAI FENGONGSI
一本书学会子公司改分公司

出 品 人：王延生
策划编辑：尚 杰
责任编辑：尚 杰 姚 兰
封面设计：昌 珊
责任校对：刘丽君
责任印制：刘正兴

出版发行者：大连出版社
　　　地址：大连市西岗区东北路161号
　　　邮编：116016
　　　电话：0411-83620573 / 83620245
　　　传真：0411-83610391
　　　网址：http：// www.dlmpm.com
　　　邮箱：dlcbs@dlmpm.com
印 刷 者：天津旭丰源印刷有限公司

幅面尺寸：170 mm × 240 mm
印　　张：17.25
字　　数：230千字
出版时间：2025年1月第1版
印刷时间：2025年4月第2次印刷
书　　号：ISBN 978-7-5505-2272-5
定　　价：78.00元

版权所有　侵权必究
如有印装质量问题，请与印厂联系调换。电话：13901198161

序　言

本书结合国资央企改革，以深化企业瘦身健体、提质增效为目标，以智慧综合能源行业为例，研究通过吸收合并及新设分公司（简称"子公司改分公司"或"子改分"）进行企业重组的新模式，并对一家项目公司在 2023 年同时实施 10 家企业子改分工作进行案例展示和经验总结，具有较强的理论性和实践性，提出了企业管理新路径，形成了法人压减新方法。

党的二十大报告指出，要推动绿色发展，促进人与自然和谐共生。要发展绿色低碳产业，加快节能降碳先进技术研发和推广应用，倡导绿色消费，推动形成绿色低碳的生产方式和生活方式。发展智慧综合能源是落实绿色低碳转型发展的有效实践。智慧综合能源业务具有业态多、分布广、收益高的优点，同时也具有体量小、管理难、风险高的缺点，如何强化风险管控能力、提升风险防范水平、实现高质量发展，是一项值得研究的课题。习近平总书记指出，国有企业"要搞好就一定要改革，抱残守缺不行，改革能成功，就能变成现代企业"。笔者及所在企业在深化企业改革方面作了很多有益的尝试，其中，子公司改分公司是一项系统工程，涉及税务学、会计学、法学、投资学、管理学等多个学科，该工程的顺利完成，对于丰富企业管理理论，打通财、税、法知识边界具有重要的意义。

前　言

习近平总书记指出："我国经济由高速增长转向高质量发展，这是必须迈过的坎，每个产业、每个企业都要朝着这个方向坚定往前走。"高质量发展是全面建设社会主义现代化国家的首要任务。智慧综合能源行业是承载国家绿色低碳发展的战略性新兴产业，在国民经济发展中具有举足轻重的地位。智慧综合能源行业在迅猛发展过程中，也出现了法人户数多、法人链条长、管理层级多、管理效率低等问题。

很多中央企业是智慧综合能源行业的生力军，在行业中是资产持有者的角色，对管理层级、法人户数有着更高的标准和要求，因此，中央企业在智慧综合能源行业具有法人压减的内部管理需要和外部政策要求。国务院国有资产监督管理委员会（以下简称"国资委"）自2016年起开始推进中央企业调整优化组织结构，压缩管理层级、减少法人户数，目的是提高管理效率，构建业务有进有退、企业优胜劣汰、板块专业化经营、管控精干高效的发展格局，不断提升发展质量和经济效益。经过多年的努力，中央企业从简单设机构、铺摊子的粗放式增长，逐步转向提升单户企业质量和实力的集约化发展。中央企业法人单位的户均资产、户均收入、户均利润等指标均有大幅增长。

2022年5月11日，国资委召开中央企业压减工作"回头看"专项行动推进会，会议提出了新一轮压减工作的具体措施要求，开始新一轮法人压减工作，其中一项具体目标是力争将中央企业集团公司管理层级控制在四级以内、大多数企业法人层级控制在五级以内。

法人压减的主要方式有三种，分别是注销、控制权转移、吸收合并。实务中企业需结合自身所在行业特点、经营情况以及监管要求，选择符合实际需求的法人压减方式，或是三种方式相结合。

本书以智慧综合能源行业为例，结合某央企下属公司在2023年通过吸收合并及新设分公司方式压缩10户法人的成功案例，不仅丰富了法人压减理论，也为同类企业压减法人户数提供了可参考的方案。

本书第一章主要对智慧综合能源行业的专用名词进行了简要介绍，该行业属于战略性新兴产业，了解这些名词有助于深入理解智慧综合能源行业。第二章主要介绍了法人压减政策的相关背景。第三章介绍了智慧综合能源行业法人压减的必要性，行业特点决定了法人户数快速增长，并从全面风险管理和扁平化管理两个方面论证了压减的必要性。第四章介绍了法人压减方式。第五章分析了子公司与分公司的异同点及优缺点。第六章介绍了子改分的可行性，论证了"吸收合并+子改分"方案是有效的法人压减实施路径，既不影响企业经营，也不需要进行清算，还可以享受税收优惠政策，提高税务注销效率。第七章介绍了子改分的详细实施路径。第八章重点研究了子改分实务中存在的困难和解决路径，具有较强的理论性。第九章对子改分重要经验进行了总结，具有较强的实践性。第十章研究了子改分是否可逆的问题,重点突出分改子与子改分的不同。第十一章总结了在子改分理论和实践工作中得出的几条主要研究结论。第十二章对 X 公司下属 10 个子公司改为 8 个分公司的案例进行了剖析和展示。附录重点列示了 4 个重要税务文件、1 个注销登记文件和 16 个子改分文件模板。

目　录

第一章　名词解释／001

第二章　法人压减政策背景／006

　（一）政策依据／006

　（二）实施效果／007

　（三）压减目标／008

第三章　智慧综合能源行业法人压减的必要性／009

　（一）智慧综合能源业务压减工作内因分析／009

　（二）压减工作必要性分析／011

　（三）压减工作理论依据／013

第四章　法人压减方式／015

　（一）注销／015

　（二）控制权转移／020

　（三）吸收合并／022

（二）子改分背景 / 155

（三）子改分方案 / 157

（四）子改分各项业务流程 / 160

（五）子改分结果展示 / 165

（六）子改分后经济效益列示 / 166

（七）心得体会 / 168

参考文献 / 171

附 录 / 173

（一）企业重组改制相关税收政策文件 / 173

（二）《国家税务总局关于企业重组业务企业所得税征收管理若干问题的公告》（国家税务总局公告 2015 年第 48 号）/ 175

（三）《国家税务总局关于纳税人资产重组增值税留抵税额处理有关问题的公告》（国家税务总局公告 2012 年第 55 号）/ 189

（四）《跨地区经营汇总纳税企业所得税征收管理办法》/ 192

（五）《企业注销指引（2023 年修订）》/ 206

（六）子改分工作组成立文件模板 / 225

（七）资产重组协议模板 / 226

（八）债权人通知书模板 / 237

（九）债务人通知书模板 / 238

（十）吸收合并公告模板（报纸）/ 240

（十一）吸收合并公告模板（国家企业信用信息公示系统）/ 242

（十二）关于合作主体变更的函的模板 / 243

（十三）关于法人压减股东决定的模板 / 244

（十四）EMC 合同补充协议模板 / 245

（十五）一般合同补充协议模板 / 248

（十六）市场主体注销模板——企业注销登记申请书 / 251

（十七）市场主体注销模板——合并方股东会决议（公告期前）/ 254

（十八）市场主体注销模板——被合并方股东会决议（公告期前）
　　　／ 255

（十九）市场主体注销模板——吸收合并协议（公告期前）/ 256

（二十）市场主体注销模板——被合并方债务清偿或者提供担保情况的
　　　说明（公告 45 日后）/ 258

（二十一）市场主体注销模板——合并后注销公司的股东会决议（公告
　　　　45 日后）/ 259

致　谢 / 260

第一章　名词解释

市场监督管理部门

《中华人民共和国市场主体登记管理条例》(2021)第五条规定："国务院市场监督管理部门主管全国市场主体登记管理工作。县级以上地方人民政府市场监督管理部门主管本辖区市场主体登记管理工作，加强统筹指导和监督管理。"本书中将国家市场监督管理总局和地方各级市场监督管理部门简称为市场监督管理部门，履行原工商行政管理部门的职能。2018年3月起不再保留国家工商行政管理总局，组建国家市场监督管理总局，市场监督管理部门整合了原来几个部门的职责，行使市场监督管理职能。

EMC 合同

EMC 是 Energy Management Contracting 的缩写，即能源管理合同，行业内一般称 EMC 合同。EMC 合同是一种新型的市场化节能机制，投资方与客户签订节能服务合同，向客户提供能源效率审计、节能项目设计、原材料和设备采购、施工、培训、运行维护、节能量监测等一条龙综合性服务，并通过与客户分享项目实施后产生的节能效益来赢利。EMC 合同领域比较常见的有用户侧储能、分布式光伏、天然气三联供等。实践中与 EPC（Energy Performance Contracting）含义大致相同，业界多用 EMC 合同。

购售电协议

购售电协议，又称购售电合同，完整名称是非自然人分布式光伏发电项目购售电合同，是一种约定供电方向需电方提供电力的法律协议。购售电协议是电力市场中重要的法律文书，它明确了供电方和需电方之间的权利和义务，保障了电力交易的合法性和稳定性。购售电协议的一方签约主体是项目子公司或分公司，另一方是三大电网公司，分别是国家电网、南方电网和内蒙古电力。

智慧综合能源

智慧综合能源是围绕用户需求，以数字化、智慧化能源生产、储存、供应、消费和服务等为主线，以能源流与信息流无缝衔接，实现冷热电气水等多品类能源协同供应、源网荷储用等环节互动优化，面向终端用户提供能源一体化服务的产业，包含能源供应和能源服务两层要义。智慧综合能源是构建以新能源为主体的新型电力系统的重要依托，也是实现能源清洁高效利用，构建智慧城市、生态城市的重要基础。智慧综合能源是综合能源、综合能源服务、综合智慧能源体系升级版，重点突出智能控制技术和信息管控平台对传统能源赋能，让能源利用更安全、更高效、更便捷。

需求侧响应

需求侧响应（Demand Response，DR），在本书中是电力需求响应的简称，是指当电力批发市场价格升高或系统可靠性受到威胁时，电力用户接收到供电方发出的诱导性减少负荷的直接补偿通知或者电力价格上升信号后，改变其固有的习惯用电模式，减少或者推移某时段的用电负荷，从而保障电网稳定，并抑制电价上升的短期行为。它是需求侧管理（Demand Side Management，DSM）的解决方案之一。需求侧资源主要包括分布式发电资源、负荷资源、储能资源。需求侧响应是通过一系列途径，例如经济补贴手段、法律强制手段、宣传手段等调整用户负荷或者用电模式，引导用户科学合理地用电。需求侧管理是一种重要的节能途径，旨在降低负荷需求，减少装机容量，将部分高峰负荷转移到低谷时期，减小负荷峰谷差。

分布式光伏

分布式光伏是指利用分散式资源建造的装机规模较小的、布置在用户附近的发电系统，它采用光伏组件，将太阳能直接转换为电能，一般接入35千伏或更低电压等级的电网。分布式光伏电站的收益来源是节省的电费、上网电价和项目补贴。拥有分布式光伏的用户一般有三种配电方式的选择，分别为"全部自用""自发自用+余电上网""全额上网"模式。在不考虑国家补贴的情况下，由于工商业电价显著高于上网电价，"全部自用"模式在经济效益方面要略高于"全额上网"模式，"自发自用+余电上网"模式介于二者之间。

第二章　法人压减政策背景

（一）政策依据

1.《中共中央、国务院关于深化国有企业改革的指导意见》（中发〔2015〕22号）[1]

2015年8月24日，《中共中央、国务院关于深化国有企业改革的指导意见》（中发〔2015〕22号）发布，在"四、完善国有资产管理体制"中的"（十四）以管资本为主推动国有资本合理流动优化配置"要求："推动国有企业加快管理创新、商业模式创新，合理限定法人层级，有效压缩管理层级。"

2.《关于中央企业开展压缩管理层级减少法人户数工作的通知》（国资发改革〔2016〕135号）[2]

2016年11月23日，国资委企业改革局发布《关于中央企业开展压缩管理层级减少法人户数工作的通知》（国资发改革〔2016〕135号），文件是为了深入贯彻《中共中央、国务院关于深化国有企业改革的指导意见》

---

[1] https://www.gov.cn/govweb/zhengce/2015-09/13/content_2930440.htm
[2] http://www.sasac.gov.cn/n4470048/n9369363/n9384567/n9384652/c9384670/content.html

（中发〔2015〕22号）精神，落实国务院关于中央企业瘦身健体的有关要求，推进中央企业调整优化组织结构，有效压缩管理层级、减少法人户数，促进企业加强管理、提质增效。文件提出了总体要求、工作目标、工作原则、工作措施及组织实施方案，法人压减的工作目标明确为："力争在3年内使多数中央企业管理层级控制在3—4级以内，法人层级10级以上（含10级）的企业减少3—5个层级，企业法人户数减少20%左右。"

3.《关于印发〈中央企业压减工作"回头看"专项行动工作方案〉的通知》（国资厅改革〔2022〕34号）

2022年3月，《关于印发〈中央企业压减工作"回头看"专项行动工作方案〉的通知》（国资厅改革〔2022〕34号）发布。2022年5月，国资委召开中央企业压减工作"回头看"专项行动推进会，会议提出了新一轮压减工作的具体措施要求。

（二）实施效果

在2022年5月国资委召开的中央企业压减工作"回头看"专项行动推进会上，时任国务院国资委副主任翁杰明表示，通过5年多努力，中央企业法人户数和层级过多、管理链条过长的突出问题初步得到解决。国务院国资委已印发"回头看"专项行动工作方案，要通过防反弹、补漏洞、强管理、调结构、防风险、建机制等一系列措施，推动中央企业再瘦身再优化。

2016年以来，国资委指导各中央企业采取有力措施推进压减工作，基本扭转了法人户数无序增长的局面，实现了户数增长与经营发展速度基本匹配、管理链条与资产收入规模基本匹配。2016年5月到2021年年底，中央企业共压减法人19965户，占比38.3%；法人层级5级以内中央企业已超过70%；97家中央企业集团管理层级全部控制在5级以内。

压减工作开展以来，中央企业累计减少人工成本449亿元，减少管理费用368亿元；年化全员劳动生产率由44.6万元/人增加到67.9万元/人，提升比例超52%。中央企业从简单设机构、铺摊子的粗放式增长，逐步转向提升单户企业质量和实力的集约化发展。中央企业法人单位户均资产从9.52亿元增加到13.99亿元，户均收入从4.40亿元增加到6.72亿元，户均利润从0.23亿元增加到0.45亿元，增幅分别达47%、53%、96%。[1]

（三）压减目标

根据国资委印发的《中央企业压减工作"回头看"专项行动工作方案》，启动新一轮压减工作，下决心清理退出一批企业、优化整合一批企业、重点监控一批企业，进一步减少法人户数，力争将集团公司管理层级控制在4级以内、大多数企业法人层级控制在5级以内。

---

[1] http://www.sasac.gov.cn/n2588025/n2588139/c24628780/content.html#

第三章　智慧综合能源行业法人压减的必要性

（一）智慧综合能源业务压减工作内因分析

1. 智慧综合能源业务模式

在全球"碳达峰碳中和"双碳战略下，当前全球能源体系正向低碳化、数字化方向加速转型，能源行业正由基地式向分布式发展，传统能源企业由"生产商"向"服务商"转变，能源产业价值链由供给侧向需求侧转移，围绕用户需求发展智慧综合能源成为行业一致共识和发展趋势。

相对于水电、核电、煤电、风电、集中式光伏等能源业态而言，智慧综合能源行业具有自身独有的特点。智慧综合能源行业的主要业态是分布式光伏、用户侧储能、天然气多联供、生物质电厂以及衍生出来的需求侧响应（亦称虚拟电厂）。智慧综合能源行业本质上是由新技术革命、绿色发展、新能源崛起引发的能源产业结构重塑，从而推动新兴业态、商业模式、服务方式不断创新，具有综合、互联、共享、高效、友好的特点。其共性是项目依托于分散的单一客户或者固定的几个客户，客户在哪里，项目就设置在哪里。如分布式光伏采用"自发自用+余电上网"

模式，主要客户为项目所在地自发自用的屋顶出租方，次要客户为余电上网的当地电网公司。用户侧储能的主要客户为用电大户，设备安装在用户的厂区内，利用峰谷价差和容量电费管理提高收益，并提高供电可靠性，次要客户为外部组织调峰调频的聚合商、当地电网公司。天然气多联供也是将设备安装在用能大户的区域内，提供冷热电服务，实现多能互补。生物质电厂受到原材料来源和用户用能需求的限制，规模一般都不太大，多建设在用户厂区（如牧场）内或者生物质来源丰富的区域（农田、垃圾场附近）。

2. 智慧综合能源业务特点分析

（1）项目分布散、体量小、建设周期短

智慧综合能源项目需要的人力、物力、财力通常并不大，且常常由于项目体量过小而不被重视。一家工厂、一座医院都可能成为智慧综合能源业务的目标用户，项目分布极为分散；单个项目体量高度依赖用户自身的生产经营、厂房厂区等条件，项目体量通常较小；同时随着双碳理念不断深入，欧盟碳关税等限制政策逐步落地，能源用户对用能精细化管控要求逐渐提高，业主往往希望项目能快速落地，项目建设周期基本不超过一年。这些因素推动智慧综合能源业务快速复制、迅速成长。

（2）项目资源获取复杂程度高

智慧综合能源项目体量小，目标客户分布零散，虽然项目是直接面对终端能源用户，但投资方受限于开发效率、资源匹配度等，往往很难直接与终端能源用户建立商业关系，通常依赖市场资源方获取项目资源。市场资源方通常会通过提前设立项目公司并将项目进行备案以及时锁定项目资源，或被要求成立合资项目公司，或以建成一批项目再批量出售项目股权等方式，最终实现项目退出，合作模式复杂多样。

（3）项目属地政府青睐在当地设立法人主体

分布式光伏、用户侧储能等项目都需在项目所在地的行政审批部门办理项目备案手续，当地政府从统计和税收角度出发，往往会要求投资方在项目地设立项目公司。在企业所得税方面，由于分公司需要与总公司汇总缴纳，而子公司作为独立法人，企业所得税可全部留在当地缴纳，故当地政府一般要求投资方在项目所在地设立子公司，并以子公司为项目主体履行备案等手续。

3. 智慧综合能源业务风险分析

智慧综合能源项目有"散小短"、开发复杂等特点，极易造成行业无序扩张，同时政府青睐投资方在当地设立子公司的做法，加剧了行业企业法人层级、户数的迅速膨胀。项目公司分布广、层级多，必然会增加公司的治理成本，进而可能导致内部控制和监管难以到位等问题。

并购是快速获取智慧综合能源项目资源的有效途径，投资方在发展智慧综合能源行业过程中，为正常获取项目资源，会通过并购方式持有大量项目公司股权，导致法人户数、管理层级继续延伸，削弱上级股东对项目的管控能力。因此，在智慧综合能源业务领域推进压减工作，是推动公司高质量发展、促进行业健康发展的重要举措。

（二）压减工作必要性分析

快速推行智慧综合能源等市场化业务的同时，随着企业法人层级、户数的增多，管理风险在迅速积累。尤其是从外部批量收购项目公司时，有时还包括特殊目的的夹层公司，法人户数、管理层级会在短时间内膨胀，层级过多容易导致企业决策效率降低，组织机构变得臃肿庞大。成立合资公司的合作方式，往往在项目中掺杂了合作方的其他各种诉求，逐渐造成企业经营业务过多、经营范围过宽，盲目铺新摊子，核心竞争力不强的问题。

从企业长远发展来看，应该集中精力立足主责主业，只有把主责主业做大做优做强，才能提升核心竞争力；同时，合规风险管理是高质量发展的生命线，企业应将提质增效放在核心工作首位，才能更加长远地推动企业高质量发展。国资委推行压减工作的目的，就是提高企业风险管控能力、提升企业风险防范水平，将其应用在智慧综合能源等市场化业务中，有助于解决市场化业务的长远健康发展问题。

1. 解决多层级造成的决策效率低下问题

企业的决策效率与企业层级和法人户数存在密切的负相关关系，企业层级越多，法人户数越多，决策效率越低。如果管理层级超过5级，其决策效率就会层层打折，形成洋葱效应，即集团总部总是最后一个知道真相的，集团总部的决策总是滞后于市场反应。因此，基于决策效率的要求，需要缩短指挥链条。

2. 解决层级和法人户数过多造成的实际管理失控问题

由于管理资源、管理人员方面的局限，在实际操作中，多层级、多法人的管理架构极易导致集团总部未能有效控制管理层级内的全部企业。不少企业下属的5、6级法人处于失控状态，而管理架构的缺失使得这些公司有可能被高管操控，利用关联公司从事不合规业务。总之，越是层级末端的法人，受到的监管越薄弱，漏洞越多。

3. 避免多层级财务管理模式下的违规风险

在多层级、多法人的管理架构下，可以运用杠杆把控股公司的资本力量放大数倍甚至数十倍，并能通过在法人之间进行内部交易、税务规避等操作手段，使得内部的债务和亏损向某些法人集中，利润向另一些法人集中。诸如此类的业务操作并未从整体上提升企业的整体经济效益，反而增加了违规风险。

4. 完善人才培养机制，从整体上提升企业的竞争力

在多层级的管理架构下，只有一部分公司面对市场，有相当一部分人员处在一种模拟市场乃至于行政化的环境当中，对培养员工市场反应能力、市场敏感度、市场经营能力极为不利，进而降低企业的竞争力和运行效率，削弱企业发展的潜力。

（三）压减工作理论依据

1. 压减工作相关概念

要理解"压缩管理层级、减少法人户数"的工作精神，首先需要理解企业法人、集团公司并澄清法人层级和管理层级的概念。

（1）企业法人是指以营利为目的，独立地从事商品生产和经营活动的社会经济组织，具有符合国家法律规定的资金数额、企业名称、章程、组织机构、住所等法定条件，能够独立承担民事责任，经主管机关核准登记取得法人资格的社会经济组织。集团公司是由多个企业联合而形成的企业法人联合体。

（2）法人层级和管理层级的区分是从企业集团管理角度作出的。法人层级是民事行为主体角度的法律概念，即各级企业法人，显示的是企业集团内由上至下的各级持股关系。管理层级则是从行政管理角度而言，是从企业最高一级管理者到最低一级管理者之间设置的层级，纳入企业管理层级的企业仅指集团公司具有实际控制力的控股企业。企业的管理层级是穿插于法人层级中的。

2. 全面风险管理

当前经济增速放缓、国际国内监管环境日趋严格，国有资产质量管控面临新挑战，企业的合规风险管控能力关系着企业的行稳致远，是企业高质量发展的重要保障。国务院国资委印发的《关于做好2023年中央企业内部控制体系建设与监督工作有关事项的通知》（国资厅监督〔2023〕8号），要求企业结合新一轮改革深化提升行动，推动中央企业持续健全内部控制体系，全面提高风险应对能力，切实提升核心竞争力和治理能力现代化水平。

3. 扁平化管理

按照管理层级与管理幅度的关系，组织结构有两种形式，即扁平结构和直式结构。扁平结构管理层级少而管理幅度大，直式结构管理层级多而管理幅度小。

扁平化管理有诸多优势：一是减少管理层级，承担上传下达任务的中间管理层级减少，并使企业的管理幅度得到扩展，减少风险管理盲区；二是有利于缩短决策流程，减少决策在时间和空间上的延迟，降低决策信息失真率，提高决策效率；三是使管理者的决策触角直接伸向市场，使企业适应市场变化的能力大大提高、抗风险能力增强；四是人员更直接面对市场，对管理人员的组织管理能力和决策能力提出了更高要求，有利于人才的培养。

法人压减的核心在压缩管理层级。压层级即管理扁平化；压层级还需与减少法人户数结合在一起，减少法人户数以提高企业效率、提升发展质量和经济效益为目的，不能为了压减而压减，不能影响项目的正常运营。

第四章　法人压减方式

法人压减方式可分为注销、控制权转移、吸收合并三类。注销的直接结果是直接减少法人户数，但考虑到法人压减不能影响公司业务存续和日常经营，故实务中多采用控制权转移和吸收合并。

控制权转移是指将集团内子公司产权全部或部分转让给集团公司以外的自然人、法人或其他组织，从而退出或放弃子公司控股权，集团产权树不再体现该子公司，从而达到法人压减的目标。

吸收合并是指两家或两家以上企业合并成一家企业，经过合并，合并方以支付现金、发行股票或其他代价取得另外一家或几家被合并企业的资产和负债，合并方继续保留法人地位，而另外一家或几家被合并企业在合并后丧失了独立的法人资格。

（一）注销

1.公司注销的法律依据

《中华人民共和国公司法》（以下简称《公司法》）（2023）对注销进行了规定，按注销原因分为解散注销、破产注销和其他法定事由注销，按注销方式分为简易注销和普通注销。

《公司法》（2023）关于注销的相关规定为：

"第三十七条　公司因解散、被宣告破产或者其他法定事由需要终止的，应当依法向公司登记机关申请注销登记，由公司登记机关公告公司终止。

第八十七条　依照本法转让股权后，公司应当及时注销原股东的出资证明书，向新股东签发出资证明书，并相应修改公司章程和股东名册中有关股东及其出资额的记载。对公司章程的该项修改不需再由股东会表决。

第二百三十九条　公司清算结束后，清算组应当制作清算报告，报股东会或者人民法院确认，并报送公司登记机关，申请注销公司登记。

第二百四十条　公司在存续期间未产生债务，或者已清偿全部债务的，经全体股东承诺，可以按照规定通过简易程序注销公司登记。

通过简易程序注销公司登记，应当通过国家企业信用信息公示系统予以公告，公告期限不少于二十日。公告期限届满后，未有异议的，公司可以在二十日内向公司登记机关申请注销公司登记。

公司通过简易程序注销公司登记，股东对本条第一款规定的内容承诺不实的，应当对注销登记前的债务承担连带责任。

第二百四十一条　公司被吊销营业执照、责令关闭或者被撤销，满三年未向公司登记机关申请注销公司登记的，公司登记机关可以通过国家企业信用信息公示系统予以公告，公告期限不少于六十日。公告期限届满后，未有异议的，公司登记机关可以注销公司登记。

依照前款规定注销公司登记的，原公司股东、清算义务人的责任不受影响。

第二百四十二条　公司被依法宣告破产的，依照有关企业破产的法律实施破产清算。"

《市场监管总局 海关总署 税务总局关于发布〈企业注销指引（2023年修订）〉的公告》（2023年第58号）对企业注销作了详细规定。

2.公司清算程序

依法开展清算是企业注销前的法定义务。《中华人民共和国民法典》（以下简称《民法典》）规定，法人解散的，除合并或者分立的情形外，清算义务人应当及时组成清算组进行清算。

（1）成立公司清算组

公司在解散事由出现之日起15日内成立清算组，负责清理公司的财产和债权债务。有限责任公司的清算组由公司股东组成，股份有限公司的清算组由董事或者股东大会确定的人员组成。

（2）清算组的职责

公司清算组在公司清算过程中，对内执行清算业务，对外代表清算中的公司。公司依法清算结束并办理注销登记前，有关公司的民事诉讼，应当以公司的名义进行。

（3）发布清算组信息和债权人公告

公司清算组自成立之日起10日内，应通过国家企业信用信息公示系统公告清算组信息。同时，清算组应及时通知债权人，并于60日内通过国家企业信用信息公示系统免费向社会发布债权人公告，也可依法通过报纸发布，公告期为45日。

（4）开展清算活动

公司清算组负责清理公司财产，分别编制资产负债表和财产清单，处理与清算有关的未了结的业务。

（5）分配剩余财产

公司清算组在清理公司财产编制资产负债表和财产清单后，应当制定清算方案，并报股东会、股东大会或者人民法院确认。

（6）制作清算报告

3. 税务注销预检

纳税人向税务部门申请办理注销时，税务部门进行税务注销预检，检查纳税人是否存在未办结事项。

（1）未办理过涉税事宜的纳税人，主动到税务部门办理清税的，税务部门可根据纳税人提供的营业执照即时出具清税文书。

（2）符合容缺即时办理条件的纳税人，在办理税务注销时，资料齐全的，税务部门即时出具清税文书；若资料不齐，可在作出承诺后，税务部门即时出具清税文书。纳税人应按承诺的时限补齐资料并办结相关事项。

（3）不符合承诺制容缺即时办理条件的（或虽符合承诺制容缺即时办理条件但纳税人不愿意承诺的），税务部门向纳税人出具《税务事项通知书》（告知未结事项），纳税人先行办理完毕各项未结事项后，方可申请办理税务注销。

4. 公司简易注销流程

（1）适用对象

未发生债权债务或已将债权债务清偿完结的企业（上市股份有限公司除外）。企业在申请简易注销登记时，不应存在未结清清偿费用、职工工资、社会保险费用、法定补偿金、应缴纳税款（滞纳金、罚款）等债权债务。

企业有下列情形之一的，不适用简易注销程序：法律、行政法规或者国务院决定规定在注销登记前须经批准的；被吊销营业执照、责令关闭、撤销；在经营异常名录或者市场监督管理严重违法失信名单中；存在股权（财产份额）被冻结、出质或者动产抵押，或者对其他企业存在投资；尚持有股权、股票等权益性投资、债权性投资或土地使用权、房产等资产的；未依法办理所得税清算申报或有清算所得未缴纳所得税的；正在被立案调查或者采取行政强制，正在诉讼或仲裁程序中；受到罚款等行政处罚尚未执行完毕；不适用简易注销登记的其他情形。

企业存在"被列入企业经营异常名录""存在股权（财产份额）被冻结、出质或动产抵押等情形""企业所属的非法人分支机构未办注销登记的"等三种不适用简易注销登记程序的情形，无需撤销简易注销公示，待异常状态消失后可再次依程序公示申请简易注销登记。对于承诺书文字、形式填写不规范的，市场监管部门在企业补正后予以受理其简易注销申请，无需重新公示。

（2）办理流程

符合适用条件的企业登录注销"一网"服务平台或国家企业信用信息公示系统《简易注销公告》专栏，主动向社会公告拟申请简易注销登记及全体投资人承诺等信息，公示期为20日。

公示期内，有关利害关系人及相关政府部门可以通过国家企业信用信息公示系统《简易注销公告》专栏"异议留言"功能提出异议并简要陈述理由。超过公示期，公示系统不再接受异议。

税务部门通过信息共享获取市场监管部门推送的拟申请简易注销登记信息后，应按照规定的程序和要求，查询税务信息系统核实相关涉税、涉及社会保险费情况，对经查询系统显示为以下情形的纳税人，税务部门不提出异议：一是未办理过涉税事宜的纳税人；二是办理过涉税事宜但未领用发票（含代开发票）、无欠税（滞纳金）及罚款且没有其他未办结涉税事项的纳税人；三是查询时已办结缴销发票、结清应纳税款等清税手续的纳税人；四是无欠缴社会保险费、滞纳金、罚款。

公示期届满后，公示期内无异议的，企业可以在公示期满之日起20日内向登记机关办理简易注销登记。期满未办理的，登记机关可根据实际情况予以延长时限，宽展期最长不超过30日，即企业最晚应当在公示期满之日起50日内办理简易注销登记。企业在公示后，不得从事与注销无关的生产经营活动。

（二）控制权转移

控制权转移按转移方式可分为三种：第一种是股权对外转让，将全部股权或部分股权对外转让，使得股权比例降为0或至50%以下，或者通过一致行动人协议转移实质控制权；第二种是非同比例增资，指集团内母公司以非同比例向子公司增资（母公司不增资或相对少增资）方式放弃控股地位；第三种是非同比例减资，指集团内母公司以非同比例减资方式全部退出或放弃控股地位。

1. 控制权转移的法律依据

《公司法》（2023）第十五章"附则"对与控制权相关的控股股东和实际控制人进行了规定，其中第二百六十五条规定："……（二）控股股东，是指其出资额占有限责任公司资本总额超过百分之五十或者其持有的股份占股份有限公司股本总额超过百分之五十的股东；出资额或者持有股份的比例虽然低于百分之五十，但依其出资额或者持有的股份所享有的表决权已足以对股东会的决议产生重大影响的股东。（三）实际控制人，是指通过投资关系、协议或者其他安排，能够实际支配公司行为的人。"

《企业会计准则第33号——合并财务报表》（2014年修订）第七条

对控制进行了定义:"合并财务报表的合并范围应当以控制为基础予以确定。控制,是指投资方拥有对被投资方的权力,通过参与被投资方的相关活动而享有可变回报,并且有能力运用对被投资方的权力影响其回报金额。"

根据上述规定,通过相关股权、表决权或其他安排,如果将子公司的控制权转移至第三方,则股东不再满足控股股东或实际控制人的定义,会计处理上无需再将该公司纳入合并财务报表范围。

2. 控制权转移程序

(1) 标的公司完成内部及上级公司决策。

(2) 确定审计、评估基准日,进行审计、评估,出具审计报告、评估报告。

(3) 评估报告在集团完成备案。

(4) 选择有资格的产权交易机构,申请挂牌。

(5) 外部律所出具法律意见书。

(6) 签订股权转让协议或增资协议、减资协议。

(7) 完成公司章程及市场主体登记变更。

(8) 变更产权登记。

3. 控制权转移的适用对象

控制权转移适用于经营非主责主业、集团有意退出的公司。

4. 控制权转移的关键控制点和重点注意事项

控制权转移的关键控制点和重点注意事项如表4-1所示。

表 4-1　控制权转移的关键控制点和重点注意事项

序号	关键控制点	重点注意事项
1	标的公司股权决策	增资、减资需标的公司股东会决议通过（代表三分之二以上表决权股东通过），股权对外转让需履行询问优先购买权是否放弃程序。
2	通过产权交易机构公开挂牌转让国有产权或增加注册资本	产权转让公告期不少于20个工作日；增资公告期不少于40个工作日。
3	签订产权转让合同/增资协议	产权交易机构在确定受让方后的次日起3个工作日内，组织交易双方签订协议。
4	办理市场主体变更登记	需要提前与行政审批局沟通合并文件，防止出现不可逆事件。

（三）吸收合并

1.吸收合并的法律依据

吸收合并是合并的一种方式，除了吸收合并，还有新设合并。合并的法律依据为《公司法》（2023）第十一章"公司合并、分立、增资、减资"，第二百一十八条规定："公司合并可以采取吸收合并或者新设合并。一个公司吸收其他公司为吸收合并，被吸收的公司解散。两个以上公司合并设立一个新的公司为新设合并，合并各方解散。"第二百二十一条规定："公司合并时，合并各方的债权、债务，应当由合并后存续的公司或者新设的公司承继。"

《企业会计准则第20号——企业合并》（2006）也对企业合并进行了规范，其中第二条规定："企业合并，是指将两个或者两个以上单独的企业合并形成一个报告主体的交易或事项。企业合并分为同一控制下的企业合并和非同一控制下的企业合并。"《企业会计准则第20号——企业合并》应用指南将合并方式分为三种，分别是控股合并、吸收合并、新设合并。

控股合并是指合并方（或购买方）在企业合并中取得对被合并方（或被购买方）的控制权，被合并方（或被购买方）在合并后仍保持其独立的法人资格并继续经营，合并方（或购买方）确认企业合并形成的对被合并方（或被购买方）的投资；吸收合并是指合并方（或购买方）通过企业合并取得被合并方（或被购买方）的全部净资产，合并后注销被合并方（或被购买方）的法人资格，被合并方（或被购买方）原持有的资产、负债，在合并后成为合并方（或购买方）的资产、负债；新设合并是指参与合并的各方在合并后法人资格均被注销，重新注册成立一家新的企业。

2. 吸收合并程序

（1）公司内部完成吸收合并程序。如合并方、被合并方总办会、股东会（或股东大会）决议，上级公司决议。

（2）确定审计基准日，被合并方聘请第三方中介机构进行专项审计。

（3）确定评估基准日，被合并方聘请第三方中介机构进行资产评估。

（4）评估报告层报集团进行备案。

（5）合并各方签订合并协议，并编制资产负债表及财产清单。

（6）在报纸上或者国家企业信用信息公示系统公告。

（7）通知债权人。

（8）变更外部主体合同。

（9）被合并方社保注销。

（10）被合并方税务注销。

（11）被合并方银行账户注销。

（12）被合并方市场主体注销。

（13）变更产权登记。

3. 吸收合并的适用对象

税法规定，企业股东在该企业合并发生时取得的股权支付金额不低于其交易支付总额的85%，以及同一控制下且不需要支付对价的企业合并，可适用企业所得税特殊性税务处理，有较多税收优惠政策，这些税收优惠政策的适用对象就是企业合并的适用对象。

吸收合并和新设合并可解决同一地级市内的母、子公司法人压减问题，但不能解决跨省、市的法人压减问题，根据增值税属地管理的要求，需要在项目所在地设立分支机构。因此子公司若有实际经营业务，又有法人户数压减需求，在吸收合并的同时将子公司改为分公司是一种较好的公司重组方式。

4. 子公司改分公司必须通过吸收合并方式进行

根据我国现行法律规定，有限公司不能直接将企业类型变更为分公司，因为分公司不具有法人资格，不能独立承担民事责任，其民事责任由总公司承担。如果允许将有限公司直接变更为分公司，则该公司的民事责任由上级股东承担，对债务人等相关利益方的保护将失去作用；另外，有限公司的股东可能不止一个，在有限公司有多个股东的情况下，有限公司变更为分公司时将很难解释总公司是哪个市场主体。基于以上法理原因，《公司法》不允许有限公司变更为分公司。

吸收合并时，被合并方的资产、债权、债务需要存续，需要一个载体，这个载体就是在当地新设分公司，吸收合并后的结果是子公司将资产、债权、债务全部转移到母公司，新设分公司后，母公司的性质变为总公司，基于总公司和分公司合二为一共同承担民事责任的关系，总公司可将资产、债权、债务划转至分公司。总公司的这个划转过程既可以在吸收合并完成之时进行，也可以在吸收合并完成后一定期间进行。总之，是母公司吸收合并了子公司，而不是分公司吸收合并了子公司。

5. 吸收合并的关键控制点和重点注意事项

吸收合并的关键控制点和重点注意事项如表4-2所示。

表4-2 吸收合并的关键控制点和重点注意事项

序号	关键控制点	重点注意事项
1	审计、评估基准日的确定	需要关注审计、评估基准日至重组实施日之间注册资本、实收资本是否发生变化。
2	税务重组日的确定	需要重点关注是否适用企业所得税特殊性税务处理，重点关注重组日前后12个月内股权结构的变化情况。
3	合并各方股东会作出合并决议	须代表三分之二以上表决权股东同意方可通过。
4	对债权人通知或公告	合并各方应在作出合并决议后公告，并于决议作出之日起10日内通知已知债权人（公告内容中需明确合并完成后合并方的注册资本）。
5	债权人可在异议期内要求公司清偿或提供担保	债权人接到通知书30日内，或自公告之日起45日内，有权要求清偿或提供担保。
6	对异议股东的保护	在股东会中投反对票的小股东有权请求公司按合理价格收购其股权。需做好小股东的安抚工作，取得其对合并工作的支持。
7	订立合并协议	应充分利用45日公告期，变更外部合同、进行资产清理、履行职工民主程序等。
8	税务注销	是吸收合并中最复杂、耗时最长的程序，时间不可控，需要提前与税务机关作好沟通。
9	办理市场主体注销、变更登记	需要提前与行政审批局沟通合并文件，防止出现不可逆事件。

第五章　子公司与分公司的异同点及优缺点分析

　　子公司，是指一定数额的股份被另一公司控制或依照协议被另一公司实际控制、支配的公司，与之对应的是母公司。母公司，是指拥有其他公司一定数额的股份，或根据协议能控制、支配其他公司的人事、财务、业务等事项的公司。分公司，是指公司在其住所地以外设立的从事经营活动的机构，与之对应的是总公司。总公司，又称本公司，是指依法设立并管辖公司全部组织的具有企业法人资格的总机构。

　　子公司与分公司都是《公司法》规定的存在实体，本不是相互对应的法律概念，但因其在经营活动中存在较多相似性，各具有其自身特点，也有其适用场景，本章先从法律、业务、资金、人事等方面分析子公司与分公司的共同点和不同点，再对分公司的优缺点进行分析。

　　（一）子公司与分公司的共同点

　　1. 都需要申请登记并领取营业执照

　　《公司法》（2023）第三十三条规定："依法设立的公司，由公司登记机关发给公司营业执照。公司营业执照签发日期为公司成立日期。公司营业执照应当载明公司的名称、住所、注册资本、经营范围、法定代表人姓名等事项。公司登记机关可以发给电子营业执照。电子营业执照与纸质营业执照具有同等法律效力。"

《公司法》（2023）第三十八条规定："公司设立分公司，应当向公司登记机关申请登记，领取营业执照。"

从《公司法》（2023）上述两条规定可以看出，子公司与分公司都需申请登记并领取营业执照。

2. 都可以作为缔约主体和诉讼主体

子公司与分公司都可以作为缔约主体和诉讼主体。分公司可以作为诉讼主体的根据是《中华人民共和国民事诉讼法》（以下简称《民事诉讼法》）（2023）和《最高人民法院关于适用〈中华人民共和国民事诉讼法〉的解释》（2022）。

《民事诉讼法》（2023）第五十一条规定："公民、法人和其他组织可以作为民事诉讼的当事人。法人由其法定代表人进行诉讼。其他组织由其主要负责人进行诉讼。"

《最高人民法院关于适用〈中华人民共和国民事诉讼法〉的解释》（2022）第五十二条规定："民事诉讼法第五十一条规定的其他组织是指合法成立、有一定的组织机构和财产，但又不具备法人资格的组织，包括：

（一）依法登记领取营业执照的个人独资企业；

（二）依法登记领取营业执照的合伙企业；

（三）依法登记领取我国营业执照的中外合作经营企业、外资企业；

（四）依法成立的社会团体的分支机构、代表机构；

（五）依法设立并领取营业执照的法人的分支机构；

（六）依法设立并领取营业执照的商业银行、政策性银行和非银行金融机构的分支机构；

（七）经依法登记领取营业执照的乡镇企业、街道企业；

（八）其他符合本条规定条件的组织。"

同时，《最高人民法院关于适用〈中华人民共和国民事诉讼法〉的解释》（2022）第五十三条规定："法人非依法设立的分支机构，或者虽依法设立，但没有领取营业执照的分支机构，以设立该分支机构的法人为当事人。"

可见，分公司（即法人的分支机构）虽然不具备法人资格，但满足依法设立且具备一定的组织机构和财产这一条件，可以被视为其他组织，因此具有诉讼权利能力，可以作为诉讼主体参与民事诉讼活动，是民事诉讼的适格当事人。如果分支机构没有依法设立，或者虽然依法设立但没有领取营业执照，只能由总公司（设立该分支机构的法人）作为适格当事人。

3. 企业所得税以外的税务处理相同

我国目前的税种，按其性质和作用大致分为五类。

（1）商品（货物）和劳务税类。包括增值税、消费税和关税。主要是在生产、流通或者服务领域中发挥调节作用。

（2）所得税类。包括企业所得税、个人所得税。主要在国民收入形成后，对生产经营者的利润和个人的纯收入发挥调节作用。

（3）财产和行为税类。包括房产税、车船税、印花税、契税。主要是对某些财产和行为发挥调节作用。

（4）资源税类。包括资源税、土地增值税和城镇土地使用税。主要是对因开发和利用自然资源差异而形成的级差收入发挥调节作用。

（5）特定目的税类。包括城市维护建设税、车辆购置税、耕地占用税、船舶吨税和烟叶税。主要是为了达到特定目的，对特定对象和特定行为发挥调节作用。

除分公司的企业所得税由总公司汇总缴纳外，子公司与分公司的其他税种缴纳方式是相同的。

（二）子公司与分公司的不同点

1. 法律形式不同

《公司法》（2023）第十三条规定："公司可以设立子公司。子公司具有法人资格，依法独立承担民事责任。公司可以设立分公司。分公司不具有法人资格，其民事责任由公司承担。"子公司具有法人资格，分公司不具有法人资格，这是二者最大的区别。

2. 民事责任承担不同

尽管子公司处于受母公司实际控制的地位，许多方面都要受到母公司的管理，但在法律上，母公司、子公司各为独立的法人，子公司以自己的名义进行经营活动，其财产与母公司的财产彼此独立。在财产责任上，子公司和母公司也各以自己所有财产为限承担各自的财产责任，互不连带，除非在特殊情况下法人人格被否认。

《公司法》（2023）第二十三条规定："公司股东滥用公司法人独立地位和股东有限责任，逃避债务，严重损害公司债权人利益的，应当对公司债务承担连带责任。股东利用其控制的两个以上公司实施前款规定行为的，各公司应当对任一公司的债务承担连带责任。只有一个股东的公司，股东不能证明公司财产独立于股东自己的财产的，应当对公司债务承担连带责任。"该条第一款规定了纵向人格混同情况下的责任承担问题，第二款规定了横向人格混同情况下的责任承担问题，第三款规定了一个股东的公司特有的举证责任倒置义务。这是公司法人人格否认制度的三种具体情形，需要刺破公司面纱，在特定情形下，债权人可以向股东直接追索。

分公司由于不具有独立法人资格，虽然可以作为诉讼主体，但其民事责任最终由总公司承担。分公司在诉讼中的行为所产生的法律后果，包括权利和义务，均由总公司承担。如果是分公司的债务，其债务承担顺序为：先由该分公司承担债务，分公司资产不足承担部分由总公司承担，仍不足部分由总公司的其他分公司承担。如果是总公司的债务，先由总公司自行承担债务，总公司资产不足承担部分由其他分公司共同承担。

3. 与总机构的关系不同

母公司与子公司是母、子关系，二者是控制与被控制的关系，在财务报表上是合并与被合并的关系。

总公司与分公司是总、分关系，二者是包括与被包括的关系，在财务报表上是汇总与被汇总的关系。

4. 是否具有章程不同

子公司具有章程，《公司法》（2023）第五条规定："设立公司应当依法制定公司章程。公司章程对公司、股东、董事、监事、高级管理人员具有约束力。"分公司没有章程，分公司执行的是总公司章程。

5. 主要负责人名称不同

办理市场主体登记需要公示主要负责人，子公司需公示法定代表人，分公司需公示负责人。

6. 名称不同

子公司有自己独立的名称，在进行法人设立登记时，由市场监督管理部门进行核定。《中华人民共和国市场主体登记管理条例》（以下简称《市场主体登记管理条例》）第十条规定："市场主体只能登记一个名称，经登记的市场主体名称受法律保护。市场主体名称由申请人依法自主申报。"注册系统会判断该名称是否构成重名，是否会侵犯其他公司的名称或字号，是否会违反法律法规的相关规定，是否会违反公序良俗，若有这些情况将不允许注册设立。

分公司不具有独立的名称，分公司名称以总公司名称为基础，可以直接加上"分公司"字样，可以标注业务形态进行区分，也可以加上地名进行区分。有些分公司其名称中虽有"公司"字样，但不是真正法人意义上的公司。

以上海汽车集团股份有限公司（简称"上汽集团"）为例，2024年5月1日，其旗下共有10家分公司存续，分公司名称涵盖了各种经营业态和地名，见表5-1。

表5-1 上汽集团分支机构

序号	分支机构名称	地区
1	上海汽车集团股份有限公司创新研究开发院	上海市嘉定区
2	上海汽车集团股份有限公司零束软件分公司	上海市嘉定区
3	上海汽车集团股份有限公司郑州发动机分公司	河南省郑州市郑州经济技术开发区
4	上海汽车集团股份有限公司乘用车福建分公司	福建省宁德市蕉城区
5	上海汽车集团股份有限公司乘用车郑州分公司	河南省郑州市郑州经济技术开发区
6	上海汽车集团股份有限公司培训中心	上海市虹口区
7	上海汽车集团股份有限公司商用车技术中心	上海市杨浦区
8	上海汽车集团股份有限公司技术中心	上海市嘉定区
9	上海汽车集团股份有限公司乘用车分公司	上海市嘉定区
10	上海汽车集团股份有限公司乘用车仪征分公司	江苏省扬州市仪征市

7. 设立程序不同

分公司的设立程序与一般意义上的公司设立程序不同，设立分公司只需办理简单的登记手续，分公司由总公司在其住所地之外向当地市场监督管理部门申请设立，属于设立公司分支机构。而子公司需要按照正常规定进行申请和设立。子公司由公司股东按照《公司法》及《市场主体登记管理条例》的规定设立，同时应当符合《公司法》对公司设立条件和投资方式的要求。

关于一般登记事项，《市场主体登记管理条例》第八条规定："市场主体的一般登记事项包括：

（一）名称；

（二）主体类型；

（三）经营范围；

（四）住所或者主要经营场所；

（五）注册资本或者出资额；

（六）法定代表人、执行事务合伙人或者负责人姓名。

除前款规定外，还应当根据市场主体类型登记下列事项：

（一）有限责任公司股东、股份有限公司发起人、非公司企业法人出资人的姓名或者名称；

（二）个人独资企业的投资人姓名及居所；

（三）合伙企业的合伙人名称或者姓名、住所、承担责任方式；

（四）个体工商户的经营者姓名、住所、经营场所；

（五）法律、行政法规规定的其他事项。"

关于备案事项，《市场主体登记管理条例》第九条规定："市场主体的下列事项应当向登记机关办理备案：

（一）章程或者合伙协议；

（二）经营期限或者合伙期限；

（三）有限责任公司股东或者股份有限公司发起人认缴的出资数额，合伙企业合伙人认缴或者实际缴付的出资数额、缴付期限和出资方式；

（四）公司董事、监事、高级管理人员；

（五）农民专业合作社（联合社）成员；

（六）参加经营的个体工商户家庭成员姓名；

（七）市场主体登记联络员、外商投资企业法律文件送达接受人；

（八）公司、合伙企业等市场主体受益所有人相关信息；

（九）法律、行政法规规定的其他事项。"

8. 财产关系不同

在财产关系结构上，子公司虽然受母公司控制，但有属于自己的财产，子公司的财产是独立的，与母公司的财产无关，子公司以全部财产对外承担无限责任，子公司股东以其认缴的出资额对外承担有限责任。

分公司没有自己的独立财产，其实际占有、使用的财产是总公司财产的一部分，列入总公司的资产负债表。基于总、分公司之间的财产关系，分公司与总公司之间的资金转移，因不涉及所有权变动，不需要负担税收。

9. 管理控制关系不同

母公司对子公司的控制必须符合一定的法律条件。母公司对子公司的控制一般不是采取直接控制，而是通过间接控制方式，即通过投资协议、公司章程和"三会"进行控制。"三会"是指股东会、董事会、监事会，母公司通过任免子公司董事会成员和投资决策来影响子公司的生产经营决策。子公司作为独立的法人，在法律上其意志是独立的，母公司对子公司的经营管理活动不能进行直接的命令指挥。母公司如果直接控制子公司生产经营决策则属于股东滥用法人独立地位，有可能造成法人人格混同。

分公司作为总公司的分支机构，没有董事会等形式的公司经营决策和业务执行机关，其人事、业务、财产完全受制于总公司。

10. 营业执照不同

子公司营业执照的内容有：统一社会信用代码，名称，类型，法定代表人，经营范围，二维码，注册资本，成立日期，住所。

分公司营业执照的内容有：统一社会信用代码，名称，类型，经营范围，二维码，负责人，成立日期，经营场所。

比较子公司和分公司的营业执照内容，最大的区别是子公司有注册资本，分公司无；子公司有法定代表人，分公司为负责人；子公司有住所，分公司为经营场所。

11. 经营范围限制不同

子公司的经营范围由公司自主选择，一般无限制，依法须经批准的项目，经相关部门批准后方可开展经营活动。《公司法》（2023）第九条规定："公司的经营范围由公司章程规定。公司可以修改公司章程，变更经营范围。公司的经营范围中属于法律、行政法规规定须经批准的项目，应当依法经过批准。"

分公司经营范围则不得超出总公司的经营范围。分公司完成设立登记后，如果需要增加经营范围，需要先增加总公司的经营范围，再变更分公司的经营范围。

12. 会计处理不同

在会计处理上，子公司与母公司通过"实收资本/长期股权投资"进行核算。母公司对长期股权投资的核算方法是成本法（与联营企业权益法相对应），其目的是防止母公司对子公司进行财务操纵。

《企业会计准则第2号——长期股权投资》（2014年修订）对成本法和权益法进行了具体规定。其中，第七条至第九条对成本法核算进行了规定。第七条规定："投资方能够对被投资单位实施控制的长期股权投资应当采用成本法核算。"第八条规定："采用成本法核算的长期股权投资应当按照初始投资成本计价。追加或收回投资应当调整长期股权投资的成本。被投资单位宣告分派的现金股利或利润，应当确认为当期投资收益。"第九条规定："投资方对联营企业和合营企业的长期股权投资，应当按照本准则第十条至第十三条规定，采用权益法核算。"

第十一条对权益法核算的规则进行了规定："投资方取得长期股权投资后，应当按照应享有或应分担的被投资单位实现的净损益和其他综合收益的份额，分别确认投资收益和其他综合收益，同时调整长期股权投资的账面价值；投资方按照被投资单位宣告分派的利润或现金股利计算应享有的部分，相应减少长期股权投资的账面价值；投资方对于被投资单位除净损益、其他综合收益和利润分配以外所有者权益的其他变动，应当调整长期股权投资的账面价值并计入所有者权益。"

相对于联营企业而言，母公司对子公司的控制力较强。成本法下，长期股权投资的账面价值始终等于历史成本，一般情况下不再对长期股权投资的价值进行调整，如果后续操纵子公司利润，对母公司单体报表无任何影响。

分公司与总公司是通过"其他应收款/其他应付款"进行核算，资金、资产在总、分公司之间转移通过往来科目进行核算。

13. 税务处理不同

子公司与分公司在企业所得税上的处理存在较大差异。子公司是一个独立法人，母、子公司应分别独立纳税，子公司只有在税后利润中才能按股东持有的股权比例进行股利分配，母公司从子公司取得分红不需缴纳企业所得税。

分公司不是独立法人，子公司实现的盈亏需要同总公司汇总计算缴纳企业所得税，其计税依据是财政部、国家税务总局、中国人民银行印发的《跨省市总分机构企业所得税分配及预算管理办法》（财预〔2012〕40号），该管理办法对跨省市总分机构企业所得税收入的征缴和分配管理进行了规定，实行"统一计算、分级管理、就地预缴、汇总清算、财政调库"的处理办法，总分机构统一计算的当期应纳税额的地方分享部分中，25%由总机构所在地分享，50%由各分支机构所在地分享，25%按一定比例在各地间进行分配。

对于增值税等流转税，子公司、分公司都可以成为纳税主体，分公司一般就地缴纳流转税，如经过批准也可以与总公司合并缴纳，其税法依据是《财政部 国家税务总局关于全面推开营业税改征增值税试点的通知》（财税〔2016〕36号）第四十六条规定："总机构和分支机构不在同一县（市）的，应当分别向各自所在地的主管税务机关申报纳税；经财政部和国家税务总局或者其授权的财政和税务机关批准，可以由总机构汇总向总机构所在地的主管税务机关申报纳税。"

14. 产品包装标注不同

子公司在产品外包装上必须标注自己的名称和住所。分公司可以标注自己的名称、住所，也可以同时标注总公司的名称、住所，还可以只标注总公司的名称、住所。

15. 公司数量不同

子公司与母公司系两个公司，分公司与总公司系一个公司。

16. 控制权不同

母公司对子公司的控制权因股权比例不同而异，母公司可能全资持有子公司股权，也可能是子公司的相对单一大股东，总体而言，母公司的控制权是相对的而不是绝对的，即使全资持有，也不能造成人格混同。总公司对分公司的控制权是绝对的。

17. 连带责任不同

连带责任一般适用于独立的法人、自然人等市场主体之间，母公司与子公司之间可能涉及连带责任承担问题。分公司本来就是总公司的一部分，不涉及连带责任承担问题。

（三）共同点和不同点列表

子公司、分公司的共同点如表5-2所示。

表5-2 子公司、分公司的共同点

方面	子公司、分公司
营业执照	都需要申请登记并领取营业执照
诉讼主体	都可以作为缔约主体和诉讼主体
企业所得税以外的税务处理	企业所得税以外的税务处理相同

子公司、分公司的不同点如表5-3所示。

表5-3 子公司、分公司的不同点

子公司	方面	分公司
具有独立法人资格	法律形式	不具有独立法人资格
独立承担民事责任	责任承担	有程序无实体，不能以自己名义对外独立承担民事责任
母子关系	关系	总分关系，类似树干（总公司）和树枝（分公司）的关系
有章程	章程	无章程
法定代表人	主要负责人名称	负责人
有自己的名称，如：××有限公司	名称	没有自己的名称，如：××有限公司××分公司
依照公司设立程序成立	设立程序	无需按照公司设立程序，只需办理简单登记
财产独立，与母公司无关	财产关系	无独立财产，所有财产由总公司负责
存在控股关系	管理控制	完全受总公司控制

续表

子公司	方面	分公司
有注册资本、法定代表人、住所	营业执照	无注册资本，有负责人、经营场所
可与母公司不同	经营范围	不得超出总公司的经营范围
实收资本/长期股权投资	会计处理	其他应收款/其他应付款
单独核算企业所得税	税务处理	与总公司汇总缴纳企业所得税
必须标注自己的名称和住所	产品包装标注	可以标注自己的名称、住所，也可以同时标注总公司的名称、住所，还可以只标注总公司的名称、住所
与母公司系两个公司	几个公司	与总公司系一个公司
母公司具有相对控制权	控制权	总公司具有绝对控制权
可能涉及连带责任承担问题	连带责任	不涉及连带责任承担问题

（四）分公司的优点

1. 总、分公司之间资金可自由调配

总公司在总、分公司资金调度业务中发挥着资金池的功能，有利于快速调度资金，提高资金使用效率，降低资金成本。国企特别是央企对合规监管较为严格，即使在控股甚至100%持股情况下，也不允许母、子公司之间直接发生资金拆借，所有资金拆借都必须通过委托贷款进行处理，委托贷款的通道通常是商业银行或内部财务公司。委托贷款的业务流程比较复杂，内部财务公司相对简单一些，外部商业银行会将委托贷款视为一笔新融资进行审批，尽管没有风险，但最快也要一个月才能审批完成。另外，虽然委托贷款的资金来源是公司自有资金，但金融机构（商业银行或内部财务公司）仍会收取一笔价格不菲的手续费，通常在0.03%—0.05%，会增加母、子公司资金调度的成本。总、分公司之间的资金调度就非常简单，只需根据公司内部规定履行完审批程序即可进行划拨。

2. 节省利息支出和增值税支出

民营企业相对于央企而言，母、子公司之间资金调配相对自由。子公司可与母公司签署借款协议，无需通过委托贷款进行处理。既然签署了借款协议，就得约定具体的利率，如果不约定利率会被税务机关认定母、子公司之间存在转移利润的风险。约定利率过高（如20%），借入方可能会被税务机关认定为故意增加费用减少所得税支出；约定利率过低（如1%），借出方可能会被税务机关认定为故意降低收入减少所得税支出。实务中，利率的约定可以考虑两个因素：一是借款期限的长短，根据借款期限参照执行中国人民银行每月公布的贷款市场报价利率（LPR）[1]，例如2024年4月22日公布："中国人民银行授权全国银行间同业拆借中心公布，2024年4月22日贷款市场报价利率（LPR）为：1年期LPR为3.45%，5年期以上LPR为3.95%。以上LPR在下一次发布LPR之前有效。"即如果借款期在5年以内，借款利率可定为3.45%，如果借款期在5年以上，借款利率可定为3.95%。二是借出方的综合资金成本，如果借出方（母公司）的资金主要来源于外部银行贷款，其利率在6%，则借入方（子公司）的利率约定为6%是能够证明该关联交易是符合市场行情的。

约定利率之后，借出方需向借入方开具发票，根据税法规定，借出方只能开具增值税普通发票，税率为6%，借入方只能将发票全额作为利息支出，不得抵扣增值税。其根据为《财政部 国家税务总局关于全面推开营业税改征增值税试点的通知》（财税〔2016〕36号）附件1《营业税改征增值税试点实施办法》第二十七条规定："下列项目的进项税额不得从销项税额中抵扣：……（六）购进的旅客运输服务、贷款服务、餐饮服务、

---

[1] http://www.pbc.gov.cn/zhengcehuobisi/125207/125213/125440/index.html

居民日常服务和娱乐服务。……"该通知规定的理论背景是贷款服务的增值税系由营业税改制而来,之前金融机构的营业税税率为5%,不存在抵扣增值税进项税额的问题,现在将营业税改为增值税,如果允许抵扣,则事实上造成了贷款服务免税待遇。因此,借出方只能向借入方开具增值税普通发票,即使开具了增值税专用发票,进项增值税依然不得抵扣。从税负上分析,虽然借入方将不能抵扣的进项增值税作为支出抵扣了企业所得税支出,但节省的企业所得税支出小于增值税支出。

举例说明,假设母公司(借出方)和子公司(借入方)企业所得税税率均为25%,母公司(借出方)向子公司(借入方)开出含税金额为106元的增值税普通发票,母、子公司整体的税负将增加4.75%(5.04÷106×100%),具体计算过程如表5-4所示。

表5-4 母、子公司整体税负计算表　　　　　单位:元

编号	项目	母公司(借出方)	子公司(借入方)	母、子公司整体
A	利息发票(含6%的税)	106.00	106.00	
B	增值税销项税额	6.00	—	
C	增值税进项税额	—	6.00	进项税不能抵扣
D	增值税支出(B-C)	6.00		6.00
E	增值税附加税支出(D×12%)	0.72		0.72
F	利息收入	100.00		
G	利息支出	—	106.00	
H	税前利润(F-G-E)	99.28	-106.00	
I	企业所得税支出(H×25%)	24.82	-26.50	-1.68
J	税负总支出(D+E+I)	31.54	-26.50	5.04

可见,母、子公司即使通过内部借款或者委托贷款打通了资金渠道,但从整体税负上而言是增加了税负,而总、分公司之间资金调配由于可以不签借款协议,可从整体上节省税负。

3.降低税务核算风险

总、分公司在计算企业所得税时依据汇总清算政策，与母、子公司相比，可有效降低税收稽查的风险。由于母、子公司的业务性质和资金情况存在差异，不可避免会存在一些关联交易。如果母、子公司适用的企业所得税税率和税收优惠政策不同，即使纳税人没有逃税漏税的操作，税务机关也可能会认为企业存在操纵利润的动机，纳税人需要举证排除税务机关的合理怀疑。

通常而言，母、子公司之间支付的管理费、租金、特许权使用费、利息是税务稽查的重点对象。以利息为例，《中华人民共和国企业所得税法》（2018年修正）第四十六条规定："企业从其关联方接受的债权性投资与权益性投资的比例超过规定标准而发生的利息支出，不得在计算应纳税所得额时扣除。"

关于利息支出的具体内容，《中华人民共和国企业所得税法实施条例》第一百一十九条规定："企业所得税法第四十六条所称债权性投资，是指企业直接或者间接从关联方获得的，需要偿还本金和支付利息或者需要以其他具有支付利息性质的方式予以补偿的融资。企业间接从关联方获得的债权性投资，包括：（一）关联方通过无关联第三方提供的债权性投资；（二）无关联第三方提供的、由关联方担保且负有连带责任的债权性投资；（三）其他间接从关联方获得的具有负债实质的债权性投资。企业所得税法第四十六条所称权益性投资，是指企业接受的不需要偿还本金和支付利息，投资人对企业净资产拥有所有权的投资。企业所得税法第四十六条所称标准，由国务院财政、税务主管部门另行规定。"

《财政部 国家税务总局关于企业关联方利息支出税前扣除标准有关税收政策问题的通知》（财税〔2008〕121号）规定："一、在计算应纳税所得额时，企业实际支付给关联方的利息支出，不超过以下规定比例和税法及其实施条例有关规定计算的部分，准予扣除，超过的部分不得在发生当期和以后年度扣除。

企业实际支付给关联方的利息支出，除符合本通知第二条规定外，其接受关联方债权性投资与其权益性投资比例为：

（一）金融企业，为5:1；

（二）其他企业，为2:1。

二、企业如果能够按照税法及其实施条例的有关规定提供相关资料，并证明相关交易活动符合独立交易原则的，或者该企业的实际税负不高于境内关联方的，其实际支付给境内关联方的利息支出，在计算应纳税所得额时准予扣除。"

实务中，如果母、子公司之间的利息支出不满足上述规定的关联方债权性投资与其权益性投资比例2:1时，纳税人需要证明相关交易活动符合独立交易原则，或者利息支出方的实际税负不高于境内关联方。实际上，由于母、子公司之间的特殊股权关系，要证明交易活动符合独立交易原则非常困难，另外，要证明利息支出方的实际税负不高于境内关联方更是困难，因为这有悖于税收常理。

但总、分公司之间资金可以自由调配，不需签署借款合同，自然就无需涉及利息支出，相关的税务稽查风险就彻底不存在。

另外，《中华人民共和国企业所得税法》第五十条规定："除税收法律、行政法规另有规定外，居民企业以企业登记注册地为纳税地点；但登记注册地在境外的，以实际管理机构所在地为纳税地点。居民企业在中国境内设立不具有法人资格的营业机构的，应当汇总计算并缴纳企业所得税。"《中华人民共和国企业所得税法实施条例》第一百二十五条规定："企业汇总计算并缴纳企业所得税时,应当统一核算应纳税所得额,具体办法由国务院财政、税务主管部门另行制定。"《跨省市总分机构企业所得税分配及预算管理办法》(财预〔2012〕40号)规定,属于中央与地方共享范围的跨省市总分机构企业缴纳的企业所得税,按照统一规范、兼顾总机构和分支机构所在地利益的原则,实行"统一计算、分级管理、就地预缴、汇总清算、财政调库"的处理办法。因此,分公司汇总计算并缴纳企业所得税可以彻底地化解子公司可能存在的企业所得税稽查风险。

4.减少国资报表填报工作量

设立分公司可有效减少央企、国企财务数据填报工作量。在目前的央企报表系统中,法人是报送财务数据的基本单位,分公司不需报送,因此法人数量越多,财务上报工作量越大。按一户法人报送50张报表计算,如果有100户法人,则需填报的报表就有5000张。若将100户法人改为100户分公司,则不需分别填报,只需填列一户总公司财务数据即可。

(五)分公司的缺点

1.分公司责任由总公司和其他分公司承担,无法隔离经营风险

分公司责任由总公司和其他分公司承担,无法隔离经营风险。由于分公司不具有法人资格,其民事责任由总公司承担,故如果一家分公司出现资不抵债或债务违约的情况,则分公司风险会转移至总公司和其他分公司,可能会出现城门失火殃及池鱼的情况。

分公司的债务清偿顺序为:首先,用分公司的财产来清偿,虽然分公司不具备法人资格,但它是总公司依法设立并领取营业执照的机构,具有一定的组织机构和财产,需要对自身的债务承担责任。其次,分公司的财产无法清偿所有债务的,由总公司清偿剩下的部分,因为分公司的财产也是总公司财产的一部分,分公司在管理财产范围内承担责任实质上也是总

公司承担责任，分公司的财产不足以清偿其债务的，就需要总公司对其债务承担补充责任。最后，如果总公司财产仍不足以清偿该分公司债务的，则需要其他分公司财产来清偿该分公司债务。

2. 分公司业务后续处置复杂，无税收优惠政策

分公司业务如果对外转让，除了资产出售，没有其他可选择的路径。而子公司业务对外转让有多种路径可供选择，如股权出售、股权出资、增资等，业务流程快，税费成本低。如吸收合并的主体只能是独立法人，不能是分公司，分公司无法直接作为一个实体参与合并、分立、增资、减资，税法对法人有多项资产重组相关的税收优惠政策，但分公司缺失税收优惠政策，不利于公司整体税收筹划。

3. 与子公司相比，分公司不受当地政府欢迎

尽管分公司的增值税在当地缴纳，但由于分公司需要与总公司汇总缴纳企业所得税，故分公司盈利水平与分公司的企业所得税金额无直接关系，大多数政府的招商引资部门出于税收考核压力，闻分公司色变，听说要注册分公司就委婉拒绝。相反，子公司设立却备受当地政府招商引资部门青睐。

第六章　子改分可行性

子公司提级管理，即将五级或者更低级别的公司，通过股权提级升为四级公司，可达到压缩管理层级的目标，但不能达到减少法人户数的目标，除非将资产出售给上级股东后进行注销。考虑到税收属地管理和投资备案管理的要求，该种方案并不可行。实务中有两种模式既可以压缩法人层级，又可以减少法人户数，分别是"新设分公司+普通注销"和"新设分公司+吸收合并"，两种模式对比[1]见表6-1。

表6-1　"新设分公司+普通注销"和"新设分公司+吸收合并"

项目	"新设分公司+普通注销"路径	"新设分公司+吸收合并"路径
市场主体注销	是	是
清算	是	否
债权债务	清理（偿还/收回）	可不清理（担保转移）
经营停止	是	否

（一）"新设分公司+普通注销"

此种模式下，子公司进行普通注销时，需要进行清算，需要清理债权

---
[1] 李利威.一本书看透股权节税[M].北京：机械工业出版社，2022:209.

债务，需要停止经营，且不存在税收优惠。

1. 需要成立清算组进行清算

《公司法》（2023）第二百二十九条规定："公司因下列原因解散：（一）公司章程规定的营业期限届满或者公司章程规定的其他解散事由出现；（二）股东会决议解散；（三）因公司合并或者分立需要解散；（四）依法被吊销营业执照、责令关闭或者被撤销；（五）人民法院依照本法第二百三十一条的规定予以解散。公司出现前款规定的解散事由，应当在十日内将解散事由通过国家企业信用信息公示系统予以公示。"

《公司法》（2023）第二百三十一条规定："公司经营管理发生严重困难，继续存续会使股东利益受到重大损失，通过其他途径不能解决的，持有公司百分之十以上表决权的股东，可以请求人民法院解散公司。"

《公司法》（2023）第二百三十二条规定："公司因本法第二百二十九条第一款第一项、第二项、第四项、第五项规定而解散的，应当清算。董事为公司清算义务人，应当在解散事由出现之日起十五日内组成清算组进行清算。清算组由董事组成，但是公司章程另有规定或者股东会决议另选他人的除外。清算义务人未及时履行清算义务，给公司或者债权人造成损失的，应当承担赔偿责任。"

根据以上法条可以看出，合并或者分立属于《公司法》第二百二十九条第一款第三项规定的，不需成立清算组，其他原因导致公司解散属于《公司法》第二百二十九条第一款第一、二、四、五项规定的，需要成立清算组进行清算。

2. 需要清理债权债务

《公司法》（2023）第二百三十四条规定："清算组在清算期间行使下列职权：（一）清理公司财产，分别编制资产负债表和财产清单；

（二）通知、公告债权人；（三）处理与清算有关的公司未了结的业务；（四）清缴所欠税款以及清算过程中产生的税款；（五）清理债权、债务；（六）分配公司清偿债务后的剩余财产；（七）代表公司参与民事诉讼活动。"

根据以上规定，清算组需清理债权债务，并要处理公司清偿债务后的剩余财产。

3. 需要停止经营

《公司法》（2023）第二百三十六条规定："清算组在清理公司财产、编制资产负债表和财产清单后，应当制订清算方案，并报股东会或者人民法院确认。公司财产在分别支付清算费用、职工的工资、社会保险费用和法定补偿金，缴纳所欠税款，清偿公司债务后的剩余财产，有限责任公司按照股东的出资比例分配，股份有限公司按照股东持有的股份比例分配。清算期间，公司存续，但不得开展与清算无关的经营活动。公司财产在未依照前款规定清偿前，不得分配给股东。"

根据以上规定，清算期间，公司存续，但不得开展与清算无关的经营活动。

4. 不存在税收优惠

子公司需处理公司清偿债务后的剩余财产，资产出售给母公司时需开具发票，会涉及企业所得税、增值税、契税、土地增值税、印花税等税收。

（二）"新设分公司＋吸收合并"

与"新设分公司＋普通注销"相比，"新设分公司＋吸收合并"模式不需要进行清算，不需要清理债权债务，不需要停止经营，且存在众多税收优惠。

1. 企业所得税免税

《财政部 国家税务总局关于企业重组业务企业所得税处理若干问题的

通知》（财税〔2009〕59号）将企业重组的税务处理区分不同条件分别适用一般性税务处理规定和特殊性税务处理规定。

针对企业合并的一般性税务处理，当事各方应按下列规定处理："1.合并企业应按公允价值确定接受被合并企业各项资产和负债的计税基础。2.被合并企业及其股东都应按清算进行所得税处理。3.被合并企业的亏损不得在合并企业结转弥补。"

针对企业合并的特殊性税务处理，文件规定企业重组同时符合下列条件的，适用特殊性税务处理规定："（一）具有合理的商业目的，且不以减少、免除或者推迟缴纳税款为主要目的。（二）被收购、合并或分立部分的资产或股权比例符合本通知规定的比例。（三）企业重组后的连续12个月内不改变重组资产原来的实质性经营活动。（四）重组交易对价中涉及股权支付金额符合本通知规定比例。（五）企业重组中取得股权支付的原主要股东，在重组后连续12个月内，不得转让所取得的股权。"

关于企业合并的具体特殊性税务处理，文件规定："企业股东在该企业合并发生时取得的股权支付金额不低于其交易支付总额的85%，以及同一控制下且不需要支付对价的企业合并，可以选择按以下规定处理：1.合并企业接受被合并企业资产和负债的计税基础，以被合并企业的原有计税基础确定。2.被合并企业合并前的相关所得税事项由合并企业承继。3.可由合并企业弥补的被合并企业亏损的限额＝被合并企业净资产公允价值×截至合并业务发生当年年末国家发行的最长期限的国债利率。4.被合并企业股东取得合并企业股权的计税基础，以其原持有的被合并企业股权的计税基础确定。"

因此，母公司吸收合并子公司属于同一控制下且不需要支付对价的企业合并，可适用特殊性税务处理，即合并企业接受被合并企业资产和负债的计税基础，以被合并企业的原有计税基础确定，且被合并企业亏损还可在限额内由合并方承继，合并过程中合并方和被合并方均不会产生企业所得税。

2. 增值税免税

《国家税务总局关于纳税人资产重组有关增值税问题的公告》（国家税务总局公告 2011 年第 13 号）规定："纳税人在资产重组过程中，通过合并、分立、出售、置换等方式，将全部或者部分实物资产以及与其相关联的债权、债务和劳动力一并转让给其他单位和个人，不属于增值税的征税范围，其中涉及的货物转让，不征收增值税。"因此，吸收合并对合并方和被合并方而言，不需要征收增值税。

3. 契税免税

《关于继续实施企业、事业单位改制重组有关契税政策的公告》（财政部 税务总局公告 2023 年第 49 号）规定："两个或两个以上的公司，依照法律规定、合同约定，合并为一个公司，且原投资主体存续的，对合并后公司承受原合并各方土地、房屋权属，免征契税。"

4. 土地增值税免税

《关于继续实施企业改制重组有关土地增值税政策的公告》（财政部 税务总局公告 2023 年第 51 号）规定："按照法律规定或者合同约定，两个或两个以上企业合并为一个企业，且原企业投资主体存续的，对原企业将房地产转移、变更到合并后的企业，暂不征收土地增值税。"

5. 印花税免税

《关于企业改制重组及事业单位改制有关印花税政策的公告》（财政部 税务总局公告 2024 年第 14 号）对营业账簿的印花税进行了免税规定："企业改制重组以及事业单位改制过程中成立的新企业，其新启用营业账簿记载的实收资本（股本）、资本公积合计金额，原已缴纳印花税的部分不再缴纳印花税，未缴纳印花税的部分和以后新增加的部分应当按规定缴纳印花税。"

该公告对各类应税合同的印花税也作了规定："企业改制重组以及事业单位改制前书立但尚未履行完毕的各类应税合同，由改制重组后的主体承继原合同权利和义务且未变更原合同计税依据的，改制重组前已缴纳印花税的，不再缴纳印花税。"

同时该公告规定，企业因改制书立的产权转移书据免予贴花。

（三）吸收合并前、后12个月最终控制方不得变化

1. 最终控制方不得变化的税法依据

《财政部 国家税务总局关于企业重组业务企业所得税处理若干问题的通知》（财税〔2009〕59号，以下简称《通知》）第五条规定："企业重组同时符合下列条件的，适用特殊性税务处理规定：

（一）具有合理的商业目的，且不以减少、免除或者推迟缴纳税款为主要目的。

（二）被收购、合并或分立部分的资产或股权比例符合本通知规定的比例。

（三）企业重组后的连续12个月内不改变重组资产原来的实质性经营活动。

（四）重组交易对价中涉及股权支付金额符合本通知规定比例。

（五）企业重组中取得股权支付的原主要股东，在重组后连续12个月内，不得转让所取得的股权。"

《通知》第六条规定："企业重组符合本通知第五条规定条件的，交易各方对其交易中的股权支付部分，可以按以下规定进行特殊性税务处理：

……

（四）企业合并，企业股东在该企业合并发生时取得的股权支付金额不低于其交易支付总额的85%，以及同一控制下且不需要支付对价的企业合并，可以选择按以下规定处理：

1. 合并企业接受被合并企业资产和负债的计税基础，以被合并企业的原有计税基础确定。

2. 被合并企业合并前的相关所得税事项由合并企业承继。

3. 可由合并企业弥补的被合并企业亏损的限额＝被合并企业净资产公允价值×截至合并业务发生当年年末国家发行的最长期限的国债利率。

4. 被合并企业股东取得合并企业股权的计税基础，以其原持有的被合并企业股权的计税基础确定。"

《国家税务总局关于发布〈企业重组业务企业所得税管理办法〉的公告》（国家税务总局公告2010年第4号）第二十一条规定："《通知》第六条第（四）项规定的同一控制，是指参与合并的企业在合并前后均受同一方或相同的多方最终控制，且该控制并非暂时性的。能够对参与合并的企业在合并前后均实施最终控制权的相同多方，是指根据合同或协议的约定，对参与合并企业的财务和经营政策拥有决定控制权的投资者群体。在企业合并前，参与合并各方受最终控制方的控制在12个月以上，企业合并后所形成的主体在最终控制方的控制时间也应达到连续12个月。"

根据上述规定，吸收合并前、后12个月最终控制方不得变化。

《国家税务总局关于企业重组业务企业所得税征收管理若干问题的公告》（国家税务总局公告2015年第48号）附件2《企业重组所得税特殊性税务处理申报资料一览表》要求合并提供12项资料，其中第3项资料为"企业合并当事各方的股权关系说明，若属同一控制下且不需支付对价的合并，还需提供在企业合并前，参与合并各方受最终控制方的控制在12个月以上的证明材料"，第5项资料为"12个月内不改变资产原来的实质性经营活动、原主要股东不转让所取得股权的承诺书"。上述两项资料为吸收合并前、后12个月最终控制方不得变化的证据材料。

同时，《国家税务总局关于发布〈企业重组业务企业所得税管理办法〉的公告》（国家税务总局公告2010年第4号）第二十条对"原主要股东"进行了说明，"……原主要股东，是指原持有转让企业或被收购企业20%以上股权的股东"。

2. 争议问题

如果A公司持有B公司部分股权，未将B公司纳入合并会计报表范围，即A公司并非B公司的最终控制方，B公司旗下有全资子公司C，A公司通过收购或增资控制了B公司，将B公司纳入合并会计报表范围，B公司计划吸收合并旗下子公司C，是否违反上述税法要求"吸收合并前、后12个月最终控制方不得变化"的规定？有税务局认为不符合"吸收合并前12个月最终控制方不得变化"的规定，理由是"同一控制，是指参与合并的企业在合并前后均受同一方或相同的多方最终控制，且该控制并非暂时性的"，从而认为参与合并的企业为B与C，"受同一方"是指受A方控制，不能说C和B都受B方控制，从而认为B公司的控制方A公司发生了变更，笔者认为这种看法对税法的理解是不准确的，读者在实务中还是以咨询主管税务部门意见为准。

税法并没有直接规定母、子公司吸收合并是否适用所得税特殊性税务处理的问题，需要准确理解税法对"同一控制"的定义，正确的理解是B公司、C公司为母、子公司关系，B公司吸收合并全资子公司C，B公司即是 C 公司的控制方，不需要再往上穿透至 A 公司。因此无论吸收合并前 B 公司的控制方如何变化，只要 A 公司控制 B 公司后，承诺在未来 12 个月内不改变资产原来的实质性经营活动、原主要股东不转让所取得股权，即能适用所得税特殊性税务处理规定。

第七章　子改分实施路径

子改分是一个系统工程，可分为三个阶段，分别是设立分公司并办理相关手续、吸收合并事项决策与资产评估备案、实施吸收合并流程。各阶段具体实施步骤见表7-1。

表7-1　子改分实施步骤

编号	实施步骤	实施阶段
1	设立分公司内部决策	设立分公司并办理相关手续
2	分公司市场主体注册	
3	分公司银行开户	
4	确定分公司会计核算模式	
5	确定分公司税务核算方式	
6	分公司税务登记	
7	启动被合并方审计及评估	吸收合并事项决策与资产评估备案
8	取得子公司审计报告、评估报告	
9	吸收合并内部决策	
10	将子公司资产评估报告层报至集团总部备案（国有企业）	

续表

编号	实施步骤	实施阶段
11	签署合并协议	实施吸收合并流程
12	通知债权人	
13	合并、注销公告	
14	变更外部主体合同	
15	向当地税务局提供特殊性税务处理申报材料	
16	子公司税务注销	
17	子公司市场主体注销	
18	子公司银行账户注销	
19	子公司社保注销	

（一）设立分公司并办理相关手续

1. 设立分公司内部决策

设立分公司内部决策因企业自身管控情况而异，一般程序有总办会、董事会或股东会决议等。

2. 分公司市场主体注册

分公司需作市场主体登记，依据是《公司法》（2023）第三十条规定："申请设立公司，应当提交设立登记申请书、公司章程等文件，提交的相关材料应当真实、合法和有效。"《市场主体登记管理条例》第二条规定："本条例所称市场主体，是指在中华人民共和国境内以营利为目的从事经营活动的下列自然人、法人及非法人组织：

（一）公司、非公司企业法人及其分支机构；

（二）个人独资企业、合伙企业及其分支机构；

（三）农民专业合作社（联合社）及其分支机构；

（四）个体工商户；

（五）外国公司分支机构；

（六）法律、行政法规规定的其他市场主体。"

《市场主体登记管理条例》第三条规定："市场主体应当依照本条例办理登记。未经登记，不得以市场主体名义从事经营活动。法律、行政法规规定无需办理登记的除外。市场主体登记包括设立登记、变更登记和注销登记。"

分公司注册不需要遵循公司设立程序的市场主体注册流程，只要进行简单的注册和业务程序即可。分公司注册与子公司注册相比，存在一些差别，主要是：

（1）分公司注册无需出具股东会决议等文件，只需填报《分支机构登记（备案）申请书》，提供总公司营业执照复印件、营业场所使用证明、名称自主申报材料。

（2）分公司名称必须冠以总公司名称全称。

（3）分公司须有固定的生产经营场所和必要的生产经营条件。如果总公司有产品制造的经营范围，则需提供真实地址，否则需删除产品制造的经营范围。

（4）分公司不得与总公司在同一经营场所经营。

（5）分公司业务范围不能超过总公司业务范围，原则上可以减少，但不能增加。

（6）分公司注册时需选择是否独立核算，一般有实体业务时选择独立核算，无实体业务时选择非独立核算。

（7）取得分公司营业执照后进行刻章，一般包括5个章，分别是公章、财务专用章、发票专用章、合同专用章、负责人章。

3.分公司银行开户

分公司银行开户流程与子公司相比不存在差异，携带分公司负责人身份证、经办人身份证、分公司营业执照正副本、分公司公章、财务专用章、法定代表人章即可办理。

关于分公司开户银行的选择，分公司可自主选择开户银行，但宜就近选择。随着税务系统的逐步升级，目前多个省的税务系统已经能够关联到跨省的银行账户，这意味着纳税人不需要在项目所在地开立银行账户，纳税人可在财务人员实际工作地就近开立银行账户进行缴税。纳税人省去了去项目所在地银行开户、解锁U盾、销户的出差时间。

对于央企而言，是否具有银企直连功能是选择开户银行的关注点。银企直连系统通过互联网或专线连接的方式，使企业的财务系统与银行综合业务系统实现对接，企业无需专门登录网上银行，就可以利用自身财务系统自主完成对其银行账户包括分（子）公司银行账户的查询、转账、资金归集、信息下载等功能，并在财务系统中自动登记账务信息，免去了以往财务系统、网银系统两次指令录入的过程，提高了工作效率，确保了财务系统与银行综合业务系统账户信息的一致性。如果一家银行（一般是小型银行）不具有银企直连功能，则通常不在选择范围内。

4. 确定分公司会计核算模式

成立分公司后，会计核算需要决定采用独立核算模式或是非独立核算模式，二者各有优劣。

独立核算是指对本分支机构的经营业务进行全面的、系统的、完整的会计核算。如果分公司具有一定数额的资金，拥有独立的银行账户，可对外办理银行结算，能够独立编制经营计划，需要单独计算盈亏，则一般都实行独立核算。实行独立核算的单位称为"独立核算单位"。独立核算单位通常单独设置会计机构，配备必要的会计人员，设置一个独立的账套，会计科目、客户、供应商、辅助核算信息、会计凭证、会计账簿都是与总公司完全独立的。一般而言，如果分公司符合以下条件就可以选择独立核算了：一是分公司能独立开展生产经营活动；二是分公司有单独的银行账户；三是分公司需要对外开具发票；四是需要以分公司名义签订合同。

独立核算模式有其优点：一是分公司可以对其下属机构、办事处进行相对独立的管理，独立编制财务报表也有利于真实反映分公司的财务状况、经营状况和现金流量，也便于企业更好地控制财务和经营风险；二是分公司独立编制报表有利于税务申报。独立核算模式缺点是总公司不能自动生成包含所有分公司的会计报表，需要进行手工处理。

非独立核算是指分公司的收支都要并入总公司统一核算，所有原始凭证都需要纳入总公司统一入账。即非独立核算的分公司可以不单独建立账套，不单独计算盈亏，不需要单独出具财务报表。一般而言，如果分公司符合以下条件就可以选择非独立核算了：一是分公司不具备生产经营职能；二是分公司没有自己的银行账户；三是所有合同均由总公司签订；四是分公司收支都在总公司账上反映。

非独立核算模式的优点是总公司能迅速生成包含所有分公司的会计报表，自动化水平较高。缺点有：一是非独立核算模式不便于财务报表的真实反映，容易使企业在财务管理方面出现管理层次错乱的情况，不利于企业的长期发展；二是无法出具单独的会计报表，不利于税务申报。

实务中，为了充分发挥独立核算和非独立核算的长处，避免各自的短处，企业可与财务软件提供单位研发更为先进的会计核算系统，将所有分公司纳入一个账套核算，但通过带前缀的凭证编号来区分不同分公司，既有利于快速生成总公司报表，又能快速生成分公司报表。

综上所述，独立核算模式适用于规模较大且对管理水平要求较高的公司，非独立核算模式适用于规模较小且对管理水平要求不高的公司，但可通过软件二次开发扬长避短。

5.确定分公司税务核算方式

分公司进行税务登记时，需要从"独立核算"和"非独立核算"两种核算方式中选择一种。独立核算与非独立核算方式均为会计概念，采取哪一类会计核算方式应由纳税人根据实际情况自行确定，因此税务机关对核算方式的选择不作要求。

根据《国家税务总局关于印发〈跨地区经营汇总纳税企业所得税征收管理办法〉的公告》（国家税务总局公告2012年第57号）第二十四条规定："以总机构名义进行生产经营的非法人分支机构，无法提供汇总纳税企业分支机构所得税分配表，也无法提供本办法第二十三条规定相关证据证明其二级及以下分支机构身份的，应视同独立纳税人计算并就地缴纳企业所得税……视同独立纳税人的分支机构，其独立纳税人身份一个年度内不得变更。"第二十三条规定："以总机构名义进行生产经营的非法人分支机构，无法提供汇总纳税企业分支机构所得税分配表，应在预缴申报期内向其所在地主管税务机关报送非法人营业执照（或登记证书）的复印件、由总机构出具的二级及以下分支机构的有效证明和支持有效证明的相关材料（包括总机构拨款证明、总分机构协议或合同、公司章程、管理制度等），证明其二级及以下分支机构身份。"

根据上述规定，如果分支机构符合国家税务总局公告2012年第57号第二十三条、二十四条规定，应视同独立纳税人就地缴纳企业所得税。如果分支机构不属于上述视同独立纳税人情形，则需要按照《企业所得税法》第五十条第二款规定，即居民企业在中国境内设立不具有法人资格的营业机构的，应当汇总计算并缴纳企业所得税。

需要说明的是，不管分公司会计核算方式是否为独立核算，分公司增值税均需在当地税务机关缴纳，除非向税务机关申请汇总纳税。在企业所得税方面，不管分公司是否独立核算，企业所得税均先由分公司就地预缴，然后由总公司统一汇算清缴。实务中，也存在一些分公司被当地税务机关要求在当地作为独立纳税人缴纳所得税，并没有汇总纳税。

6.分公司税务登记

分公司税务登记的具体业务流程，可分为线上和线下两种。一般选择线上途径，即通过电子税务局新办纳税人套餐模块进行税务登记，数据验证以后系统会提示法人实名认证，套餐里一般需要对公司相关信息进行填写、选择发票申领方式、签署银行税务三方协议、绑定银行账号等，对纳税人选择"总分机构"类型的，必须录入总机构相关信息。如果总公司已作总分机构备案，可上传总公司的总分机构备案表复印件、总公司营业执照复印件，作好当年分公司的总分机构备案。

（二）吸收合并事项决策与资产评估备案

启动被合并方审计及评估，取得子公司审计报告、评估报告，吸收合并内部决策，属于国有企业的，需将评估报告层报至集团总部进行备案。具体步骤如下：

1.启动被合并方审计及评估

国有企业吸收合并需作审计、评估，不仅是国资监管要求，也是税务要求。

（1）国资监管要求

主要依据是《企业国有资产评估管理暂行办法》（国资委令第12号），其中第六条规定：

"企业有下列行为之一的，应当对相关资产进行评估：

（一）整体或者部分改建为有限责任公司或者股份有限公司；

（二）以非货币资产对外投资；

（三）合并、分立、破产、解散；

（四）非上市公司国有股东股权比例变动；

（五）产权转让；

（六）资产转让、置换；

（七）整体资产或者部分资产租赁给非国有单位；

（八）以非货币资产偿还债务；

（九）资产涉讼；

（十）收购非国有单位的资产；

（十一）接受非国有单位以非货币资产出资；

（十二）接受非国有单位以非货币资产抵债；

（十三）法律、行政法规规定的其他需要进行资产评估的事项。"

第七条规定：

"企业有下列行为之一的，可以不对相关国有资产进行评估：

（一）经各级人民政府或其国有资产监督管理机构批准，对企业整体或者部分资产实施无偿划转；

（二）国有独资企业与其下属独资企业（事业单位）之间或其下属独资企业（事业单位）之间的合并、资产（产权）置换和无偿划转。"

根据上述规定，合并事项一般需要进行评估，相应地需要进行审计，但国有独资企业下属独资企业之间的合并可以豁免。考虑多数央企下属公司的股权并非100%国有，故不满足豁免条件，应进行审计和评估。

国有企业启动招采程序选定会计师事务所和评估机构后，需提供经济行为文件，作为审计和评估的依据。

（2）税务要求

根据《国家税务总局关于企业重组业务企业所得税征收管理若干问题的公告》（国家税务总局公告2015年第48号）规定，企业选择所得税特殊性税务处理时，税务局需要填报《企业重组所得税特殊性税务处理统计表》，包括"重组按一般性税务处理应确认的应纳税所得额""重组按特殊性税务处理确认的应纳税所得额""重组按特殊性税务处理递延确认的应纳税所得额"三项内容，故需提前聘请第三方机构作审计和评估。

2. 取得子公司审计报告、评估报告

吸收合并进行审计、评估时，需要确定审计基准日和评估基准日，选择正确的日期作为审计基准日和评估基准日，对吸收合并进度有着重要影响。

《企业国有资产评估管理暂行办法》第二十一条规定："经核准或备案的资产评估结果使用有效期为自评估基准日起1年。"故吸收合并需在审计基准日和评估基准日起1年内完成。实务中，吸收合并是以账面价值作为会计处理依据，评估价值的变化对吸收合并会计处理无任何影响，但由于被合并方属于国有企业的，被合并方注销涉及评估报告备案和国有资产产权登记变更，故非经评估报告备案完成，被合并方不得注销。

实务中，为了加快吸收合并进度，可以将审计基准日和评估基准日放在吸收合并协议签署日之前，即先进行审计、评估，再等待股东会出具吸收合并决议。也可将审计基准日和评估基准日放在吸收合并公告日之后、重组日（税务概念）之前。但后者留给企业的时间就比较紧张，因为会计师事务所和评估公司需要在公告期（45天）内出具审计报告和评估报告，企业除了配合提交资料外，还需在公告期内完成融资置换、合同变更、债务清偿等工作。

3. 吸收合并内部决策

吸收合并内部决策与设立分公司一样，内部决策因企业自身管控情况而异，一般程序有总办会、董事会或股东会决议等。

4. 将评估报告层报至集团总部备案（国有企业）

国有企业需将评估报告层报至国有出资企业总部备案，政策依据是《企业国有资产评估管理暂行办法》，其中第四条规定：

"企业国有资产评估项目实行核准制和备案制。

经各级人民政府批准经济行为的事项涉及的资产评估项目，分别由其国有资产监督管理机构负责核准。

经国务院国有资产监督管理机构批准经济行为的事项涉及的资产评估项目，由国务院国有资产监督管理机构负责备案；经国务院国有资产监督管理机构所出资企业（以下简称中央企业）及其各级子企业批准经济行为的事项涉及的资产评估项目，由中央企业负责备案。

地方国有资产监督管理机构及其所出资企业的资产评估项目备案管理工作的职责分工，由地方国有资产监督管理机构根据各地实际情况自行规定。"

根据上述规定，中央企业负责备案。第十七条对备案的程序进行了规定：

"资产评估项目的备案按照下列程序进行：

（一）企业收到资产评估机构出具的评估报告后，将备案材料逐级报送给国有资产监督管理机构或其所出资企业，自评估基准日起9个月内提出备案申请；

（二）国有资产监督管理机构或者所出资企业收到备案材料后，对材料齐全的，在20个工作日内办理备案手续，必要时可组织有关专家参与备案评审。"

第十八条对备案的文件材料进行了规定：

"资产评估项目备案需报送下列文件材料：

（一）国有资产评估项目备案表一式三份；

（二）资产评估报告（评估报告书、评估说明和评估明细表及其电子文档）；

（三）与资产评估项目相对应的经济行为批准文件；

（四）其他有关材料。"

（三）实施吸收合并流程

1. 签署合并协议

从存续主体划分的角度，合并分为吸收合并和新设合并。吸收合并是指一个公司吸收其他公司，被吸收的公司解散；新设合并是指两个以上公司合并设立一个新的公司，合并各方解散。

从合并方向划分的角度，合并可分为正向吸收合并、反向吸收合并和横向吸收合并。正向吸收合并就是母公司吸收合并子公司；反向吸收合并正好相反，是子公司向母公司的母公司收购母公司股权，然后吸收合并母公司；横向吸收合并是指吸收合并主体并无直接控制关系，二者系兄弟公司或者关联公司，通过一方发行股份的方式吸收合并另一方。

子改分主要涉及的是正向吸收合并。吸收合并协议主要明确以下主要事项：确定合并方和被合并方，明确吸收合并方案，确定协议签署日，确定协议重组日，过渡期安排，确定业务、劳动力、资产、债权、债务的划转方案，税务事项安排，涉及的特许经营、保险、知识产权、劳动用工等其他业务安排。

2. 通知债权人

公司根据资产负债表编制债权人清单，向债权人寄送吸收合并通知书，通知书应附有回执,确保债权人收到通知书并将回执寄回公司。关于债权人的范围,存在以下两个有争议的问题。

(1)是否需要就吸收合并事项通知所有债务人?

债务人通知书又叫债权转让通知书。《公司法》并未规定需就吸收合并事项通知债务人。这是因为《民法典》第五百四十五条规定:"债权人可以将债权的全部或者部分转让给第三人,但是有下列情形之一的除外:

(一)根据债权性质不得转让;

(二)按照当事人约定不得转让;

(三)依照法律规定不得转让。"

同时《民法典》第五百四十六条规定:"债权人转让债权,未通知债务人的,该转让对债务人不发生效力。债权转让的通知不得撤销,但是经受让人同意的除外。"

根据《民法典》上述规定,吸收合并过程中,被合并方的债权由合并方承继,实质上就是被合并方将自己的债权转让给了合并方,因此,被合并方需将债权转让事项通知债务人,否则,该转让对债务人不发生效力。

针对尚在履行中的重要双务合同,单独对权利义务签署一并转让合同即补充协议即可,如EMC合同补充协议,由于已在补充协议中约定了发票开具及收款账号等重要信息,故不需再向债务人发送通知。针对到期债权且非持续履行的合同,被吸收合并方应主动通知债务人,告知收款账号,因为债务人看到公告的可能性较小,将来付款时可能会将款项汇入一个已经注销的公司。

综合以上分析,可以得出结论:针对持续履行中的EMC合同,因已签署补充协议,无需通知债务人;针对其他债权,需要通知债务人。

（2）通知被合并方债权人不存在任何争议，是否需要向合并方债权人发送通知书？

被吸收合并方需发送债权人通知书，依据是《公司法》（2023）第二百二十条规定："公司合并，应当由合并各方签订合并协议，并编制资产负债表及财产清单。公司应当自作出合并决议之日起十日内通知债权人，并于三十日内在报纸上或者国家企业信用信息公示系统公告。债权人自接到通知之日起三十日内，未接到通知的自公告之日起四十五日内，可以要求公司清偿债务或者提供相应的担保。"但法律未明确规定的是，合并方需要发送债权人通知书吗？

《公司法》（2023）第十一章对公司合并、分立、增资、减资均进行了规定，从债权人风险角度看，合并和减资的风险最高，其次是分立，风险最低的是增资。因此，《公司法》对合并、减资的程序性要求最为严苛，均要求编制资产负债表及财产清单，通知债权人并公告，且债权人可要求公司清偿债务或者提供相应的担保。关于分立，由于《公司法》规定公司分立前的债务由分立后的公司承担连带责任，故仅要求公司编制资产负债表及财产清单，通知债权人并公告，并未赋予债权人要求公司清偿债务或者提供相应的担保的权利。增资不仅未增加债权人的风险，反而降低了债权人的风险，所以程序上最为简单。

不考虑吸收合并的外溢性效应，吸收合并从双方整体的角度看，属于股权架构的内部整合，对公司的收益和风险并无任何影响。但从合并方或被合并方的债权人角度看，可能会增加其风险。如强大的合并方吸收合并了几个发展前景黯淡的子公司，对合并方的债权人不利；亏损的合并方吸收合并了几个盈利前景良好的公司会对被吸收合并方的债权人不利。因此，从保障债权人角度出发，不仅需要向被合并方债权人发送通知书，也需要向合并方债权人发送通知书。

3. 合并、注销公告

《公司法》（2023）第二百二十条规定："公司合并，应当由合并各方签订合并协议，并编制资产负债表及财产清单。公司应当自作出合并决议之日起十日内通知债权人，并于三十日内在报纸上或者国家企业信用信息公示系统公告。债权人自接到通知之日起三十日内，未接到通知的自公告之日起四十五日内，可以要求公司清偿债务或者提供相应的担保。"相较于《公司法》（2018）而言，公告方式增加了国家企业信用信息公示系统（简称"企业信用系统"）公告。国家市场监督管理总局推进建设的企业信用系统，是涉企信息统一归集、依法公示、联合惩戒、社会监督的应用平台。根据各地登记机关最新要求，企业合并应在企业信用系统上公告，其优点是速度快，无费用支出。企业通过授权进入被合并方企业信用系统后可在几分钟内完成公告，公告选择"吸收合并"方式，只需填列"合并方""被合并方""作出决定日期""公告日期""合并方注册资本""地址""联系人""联系电话"即可自动生成公告文本。由于系统信息的格式化，合并方无法在企业信用系统上进行合并公告，否则生成的公告文本将不合逻辑。

上述公告能被企业信用系统认可，但由于《公司法》（2023）是在2023年12月29日完成修订，自2024年7月1日起施行，实务中，公告能否被税务机构认可存在一些不确定性，实务中一些税务机关认可，也有一些税务机关不予认可。

为了保险起见，部分登记机关可能要求既要在企业信用系统上公告，又要合并双方都在报纸上公告，关于合并方是否要公告的问题将在后文详细讨论；同时系统公告是否能被税务机构认可仍存在不确定性。鉴于合并公告期为45天，一旦注销过程中系统公告不被登记机关或税务机关认可，则需要重新在报纸上公告，将非常耗时。为了双保险，可采取在报纸上和企业信用系统中同时公告的方式。报纸公告的优点是具有纸质介质，方便提供证据支持，缺点是有费用支出，报纸按公告字数收费，费用在几千元不等。关于对报纸的要求，目前并无相关文件规定，一般而言可选择全国性报纸，实务中多选择当地省级报纸，原因是省级报纸相对于全国性报纸受众定位更加清晰，费用更加实惠。

被合并方登报内容可参考报社提供的模板，公告内容也需包含企业信用系统公告中的主要信息。合并方登报内容可参考后文。

4. 变更外部主体合同

原则上需要将被合并方所有的合同进行变更。但是根据《公司法》（2023）第二百二十一条规定："公司合并时，合并各方的债权、债务，应当由合并后存续的公司或者新设的公司承继。"根据上述规定，被合并方的债权、债务是由存续公司自动承继的。当然，公司需实施公告，通知债权人和债务人，合并方将自动承继被合并方所有债权、债务，非必须可以不再另行与各债权人、债务人签署三方协议或补充协议。但如果被合并方的债权人、债务人提出签署三方补充协议（债权人或债务人、被合并方、合并方），公司应配合。

实务中建议公司根据公告、债务人通知书、债权人通知书的内容判断是否签署三方补充协议。当存在以下几种情况之一时建议签署三方补充协议：

（1）债务人通知书未写明承继方开票信息和银行账号信息，需通过三方补充协议进行约定。

（2）有大额债务未支付的合同，签署三方补充协议可保持合同的延续性，通过三方补充协议签署流程可让业务、财务相关人员知晓变更事项。

（3）当项目仍有政府补贴时，如上海的分布式光伏项目，也需签订EMC合同变更协议，并将其作为项目补贴主体变更的附件，提交给项目属地发改委。

（4）完成EMC合同变更是项目在当地发改委（或行政审批局）进行备案变更的前置条件。如上海、江苏区域的投资项目在进行企业投资项目备案时会被要求提供EMC合同，相应地，办理备案变更时（项目投资主体从子公司变为分公司时）也需要提供EMC合同变更协议。

（5）完成EMC合同变更和备案变更是购售电协议变更的前置条件，发电方与电网公司一般需签署新的购售电协议，签署前需要提交变更后的EMC合同及备案表。

5.向当地税务局提供特殊性税务处理申报材料

吸收合并税务注销在各省市的具体步骤有三步，分别是：一是提供吸收合并涉及的所得税特殊性税务处理材料，二是增值税进项留抵税额处理，三是提起税务注销流程。所得税特殊性税务处理本来是备案事项，一般要求是在次年进行企业所得税汇算清缴时提供所得税特殊性税务处理材料，但由于吸收合并涉及被合并方注销，《国家税务总局关于企业重组业务企业所得税征收管理若干问题的公告》（国家税务总局公告2015年第48号）附件1《企业重组所得税特殊性税务处理报告表》的填表说明要求："重组各方应在该重组业务完成当年，办理企业所得税年度申报时，分别向各自主管税务机关报送《企业重组所得税特殊性税务处理报告表》及附表和申报资料。合并、分立中重组一方涉及注销的，应在尚未办理注销税务登记手续前进行申报。"即吸收合并时，被合并方需在办理注销前提交所得税特殊性税务处理材料。

（1）吸收合并所得税特殊性税务处理提交文件种类

根据《国家税务总局关于企业重组业务企业所得税征收管理若干问题的公告》（国家税务总局公告2015年第48号）规定，吸收合并当事各方需根据附件2《企业重组所得税特殊性税务处理申报资料一览表》提供以下12项资料：

①企业合并的总体情况说明，包括合并方案、基本情况，并逐条说明企业合并的商业目的；

②企业合并协议或决议，需有权部门（包括内部和外部）批准的，应提供批准文件；

③企业合并当事各方的股权关系说明，若属同一控制下且不需支付对价的合并，还需提供在企业合并前，参与合并各方受最终控制方的控制在12个月以上的证明材料；

④被合并企业净资产、各单项资产和负债的账面价值和计税基础等相关资料；

⑤12个月内不改变资产原来的实质性经营活动、原主要股东不转让所取得股权的承诺书；

⑥工商管理部门等有权机关登记的相关企业股权变更事项的证明材料；

⑦合并企业承继被合并企业相关所得税事项（包括尚未确认的资产损失、分期确认收入和尚未享受期满的税收优惠政策等）情况说明；

⑧涉及可由合并企业弥补被合并企业亏损的，需要提供其合并日净资产公允价值证明材料及主管税务机关确认的亏损弥补情况说明；

⑨重组当事各方一致选择特殊性税务处理并加盖当事各方公章的证明资料；

⑩涉及非货币性资产支付的，应提供非货币性资产评估报告或其他公允价值证明；

⑪重组前连续 12 个月内有无与该重组相关的其他股权、资产交易，与该重组是否构成分步交易、是否作为一项企业重组业务进行处理情况的说明；

⑫按会计准则规定当期应确认资产（股权）转让损益的，应提供按税法规定核算的资产（股权）计税基础与按会计准则规定核算的相关资产（股权）账面价值的暂时性差异专项说明。

（2）提供《企业重组所得税特殊性税务处理报告表》及附表

根据《国家税务总局关于企业重组业务企业所得税征收管理若干问题的公告》（国家税务总局公告 2015 年第 48 号）规定，吸收合并当事各方需提供《企业重组所得税特殊性税务处理报告表》，同时提供《企业重组所得税特殊性税务处理报告表（企业合并）》。

（3）提供《企业重组所得税特殊性税务处理统计表》

根据《国家税务总局关于企业重组业务企业所得税征收管理若干问题的公告》（国家税务总局公告 2015 年第 48 号）规定，吸收合并当事各方需提供《企业重组所得税特殊性税务处理统计表》。

（4）关于提交特殊性税务处理申报材料的先后顺序

在吸收合并中主导方为净资产最大的被合并方，先由主导方申报材料，再由其他被合并方申报材料，最后由合并方申报材料。依据是《国家税务总局关于企业重组业务企业所得税征收管理若干问题的公告》（国家税务总局公告 2015 年第 48 号）第二条规定："重组当事各方企业适用特殊性税务处理的（指重组业务符合财税〔2009〕59 号文件和财税〔2014〕109号文件第一条、第二条规定条件并选择特殊性税务处理的，下同），应按如下规定确定重组主导方：(一)债务重组，主导方为债务人。(二)股权收购，主导方为股权转让方，涉及两个或两个以上股权转让方，由转让被收购企业股权比例最大的一方作为主导方（转让股权比例相同的可协商确定主导方）。(三)资产收购，主导方为资产转让方。(四)合并，主导方为被合并企业，涉及同一控制下多家被合并企业的，以净资产最大的一方为主导方。(五)分立，主导方为被分立企业。"国家税务总局公告2015年第48号第四条规定："……重组主导方申报后，其他当事方向其主管税务机关办理纳税申报。申报时还应附送重组主导方经主管税务机关受理的《企业重组所得税特殊性税务处理报告表》及附表（复印件）。"

实务中，如果母公司同时吸收合并数十家子公司，严格根据上述规定先等主导方申报完成，再由其他各方向主管税务机关办理申报，将可能存在一个主导方影响整体吸收合并进度的现象。实务中，各个被合并方的税务机关并不关注谁是主导方，也不需要附送重组主导方经主管税务机关受理的《企业重组所得税特殊性税务处理报告表》及附表（复印件）。因为各税务机关重点关注的是管辖区域内的被合并方是否符合吸收合并及税务注销条件，其他区域的被合并方是否符合吸收合并及税务注销条件、是否已经被吸收合并并不会对管辖区域内的子公司产生实质性影响。

子公司完成注销后，意味着被合并方申报的特殊性税务处理已经定稿，不会再作任何修改。合并方即可将所有子公司吸收合并的材料汇总向主管税务机关申报。

（5）年终企业所得税汇算清缴后是否需要再次申报

国家税务总局公告2015年第48号第四条规定："企业重组业务适用特殊性税务处理的，除财税〔2009〕59号文件第四条第（一）项所称企业发生其他法律形式简单改变情形外，重组各方应在该重组业务完成当年，办理企业所得税年度申报时，分别向各自主管税务机关报送《企业重组所得税特殊性税务处理报告表》及附表（详见附件1）和申报资料（详见附件2）。合并、分立中重组一方涉及注销的，应在尚未办理注销税务登记手续前进行申报。"

根据上述规定，合并方需在企业所得税年度申报时，即第二年5月31日前，向主管税务机关报送特殊性税务处理材料，报送目的是证明企业在重组后的连续12个月内，有关符合特殊性税务处理的条件未发生改变。被合并方已经在当年注销，故第二年无需报送特殊性税务处理材料。

6.子公司税务注销

税务注销，是指纳税人、扣缴义务人由于法定的原因终止纳税义务、扣缴义务时，持有关证件和资料向主管税务机关申报办理税务注销手续。

（1）税务注销的依据

《中华人民共和国税收征收管理法》（以下简称《税收征收管理法》）（2015）第十六条规定："从事生产、经营的纳税人，税务登记内容发生变化的，自工商行政管理机关办理变更登记之日起三十日内或者在向工商行政管理机关申请办理注销登记之前，持有关证件向税务机关申报办理变更或者注销税务登记。"

《中华人民共和国税收征收管理法实施细则》（2016）第十五条规定："纳税人发生解散、破产、撤销以及其他情形，依法终止纳税义务的，应当在向工商行政管理机关或者其他机关办理注销登记前，持有关证件向原税务登记机关申报办理注销税务登记；按照规定不需要在工商行政管理机关或者其他机关办理注册登记的，应当自有关机关批准或者宣告终止之日起15日内，持有关证件向原税务登记机关申报办理注销税务登记。"

《税务登记管理办法》（2019）第五章"注销登记"第二十六条规定："纳

税人发生解散、破产、撤销以及其他情形，依法终止纳税义务的，应当在向工商行政管理机关或者其他机关办理注销登记前，持有关证件和资料向原税务登记机关申报办理注销税务登记；按规定不需要在工商行政管理机关或者其他机关办理注册登记的，应当自有关机关批准或者宣告终止之日起15日内，持有关证件和资料向原税务登记机关申报办理注销税务登记。"第二十九条规定："纳税人办理注销税务登记前，应当向税务机关提交相关证明文件和资料，结清应纳税款、多退（免）税款、滞纳金和罚款，缴销发票、税务登记证件和其他税务证件，经税务机关核准后，办理注销税务登记手续。"

（2）税务注销前稽查的期间

税务注销前通常会由税务稽查人员对3—5年以内的税务事项进行稽查。其依据是《税收征收管理法》第五十二条规定："因税务机关的责任，致使纳税人、扣缴义务人未缴或者少缴税款的，税务机关在三年内可以要求纳税人、扣缴义务人补缴税款，但是不得加收滞纳金。因纳税人、扣缴义务人计算错误等失误，未缴或者少缴税款的，税务机关在三年内可以追征税款、滞纳金；有特殊情况的，追征期可以延长到五年。对偷税、抗税、骗税的，税务机关追征其未缴或者少缴的税款、滞纳金或者所骗取的税款，不受前款规定期限的限制。"

《税收征收管理法》第八十六条规定："违反税收法律、行政法规应当给予行政处罚的行为，在五年内未被发现的，不再给予行政处罚。"

根据上述规定，涉及偷税、抗税、骗税的，税务稽查的期间理论上是无限的，但一般稽查期间是三年以内。

（3）吸收合并需提交的文件种类

综合上述关于税务注销的规定，结合吸收合并的特殊业务，因吸收合并而进行税务注销时需要：

①提交清税申报表，填写纳税人信息，注明注销原因（吸收合并）；

②缴销发票、税盘；

③出具情况说明，申报企业所得税季报（重组日至季末）和年报（重组日至年末），因注销申报，不属于超前申报，属于提前申报；

④根据税务局提供的股东会决议模板出具《关于公司注销的决定》；

⑤填报当月《增值税纳税申报表》及附加税申报表；

⑥填报当季或当年《印花税申报表》；

⑦填报当月《个人所得税申报表》；

⑧填报当年的《残疾人就业保证金申报表》；

⑨填报《企业所得税清算事项备案表》；

⑩填报《企业清算所得税申报表》；

⑪填报《企业清算所得税申报表》（附表一）《资产处置损益明细表》；

⑫填报《企业清算所得税申报表》（附表二）《负债清偿损益明细表》；

⑬填报《企业清算所得税申报表》（附表三）《剩余财产计算和分配明细表》；

⑭提交当季的财务报表：资产负债表、利润表、现金流量表。

需要说明的是，由于吸收合并不涉及税务清算，因此就不涉及《企业清算所得税申报表》中列明的资产处置损益、负债清偿损益、清算费用、清算税金及附加、其他所得或支出、清算所得及应纳税所得计算，故不需填列上述第10项《企业清算所得税申报表》，只需盖章即可。第11项《资产处置损益明细表》和第12项《负债清偿损益明细表》仍需填报，"账面价值""计税基础""可变现价值或交易价格"三栏均填资产重组日的账面价值，资产处置损益为"可变现价值或交易价格"减去"计税基础"

的差额，即为0。第13项《剩余财产计算和分配明细表》仅需填列一项，即填列"资产可变现价值或交易价格"，金额为子公司在资产重组日的账面资产总计。

7. 子公司市场主体注销

吸收合并业务中，在市场主体登记机关完成合并方的变更登记及被合并方市场主体注销后，即在法定意义下完成了吸收合并工作。

吸收合并时被合并方市场主体注销流程与普通注销流程相似，但可不成立清算组。因需实施债权人保护程序，市场主体注销流程周期较长，需提前安排时间计划，并与当地市场主体登记机关充分沟通相关要求，以免出现办理注销程序时因债权人保护程序实施不到位导致重新履行公告等流程，耽误注销时间。吸收合并时市场主体注销主要分三个步骤：

（1）内部决策：吸收合并双方分别作出合并决议，并签署合并协议。

（2）实施债权人保护程序：在国家企业信用信息公示系统公示，吸收合并双方登报，通知债权人等。

（3）办理市场主体注销登记：公示或登报期满45天，合并方根据需要办理完变更登记后，即可携带被合并方注销所需材料办理市场主体注销登记手续。

市场主体注销所需材料：

（1）注销登记申请书；

（2）吸收合并各方股东会决议；

（3）合并协议；

（4）债务清偿或债务担保情况的说明；

（5）被合并方税务清算证明；

（6）被合并方公示截图或登报报纸样张；

（7）吸收合并各方营业执照复印件；

（8）缴销被合并方营业执照正副本原件。

上述是市场主体注销所需主要材料，根据市场主体登记机关审核情况可能需增补其他说明性材料。另外，大部分地区市场主体登记机关会要求材料内容按照市场主体登记机关模板提供，且地区间模板略有差异，并无固定文本模板，所以在注销前需与市场主体登记机关保持充分沟通，避免签章材料反复修改。

8. 子公司银行账户注销

银行账户注销通常排在税务注销、市场主体注销之后。理论上看，银行账户可在任何时候作银行账户注销，但需要结合公司自身情况进行综合考量。如果被合并方有多个银行账户，可暂时保留一个用作税务登记的基本账户，其他银行账户可随时注销。通常而言，应在税务注销后作银行账户注销，因为税务注销环节会申报当月的税收，不可避免地会产生税款支付，如果在缴纳税款时银行账户已经注销，则报税人员只能用个人资金垫付，金额较小可以垫付，如果金额较大则操作起来比较复杂。

银行账户注销可在市场主体注销前进行，也可在市场主体注销后进行。如果选择在市场主体注销前作银行账户注销，优点是银行账户注销时可能有利息收入或手续费支出，这是被注销公司的最后一笔收入或支出，缺点是银行预约时间不会特别配合，因为公司尚未注销，银行不希望少一个客户。如果选择在市场主体注销后作银行账户注销，优点是银行账户的主体已经不存在，银行看到市场主体注销通知书后会积极配合，缺点是产生的利息收入余额只能转到法定代表人个人账户，法定代表人需再将个人账户的资金余额汇至分公司银行账户。

如果市场主体注销后长时间内不作银行账户注销，开户行会向被注销公司发送通知书，通知书发放的依据是《人民币银行结算账户管理办法》（中国人民银行令〔2003〕第5号）、《中国人民银行关于进一步加强人民币银行结算账户开立、转账、现金支取业务管理的通知》（银发〔2011〕116号），以及被注销公司所在地政府的相关文件，开户行会在通知书上提醒账户所在的公司营业执照注销或被吊销，并请公司在一定期限内到开户行办理资料变更手续（视同账户变更手续办理）或账户撤销手续（如在开户行开立账户属性为基本户，应先将其他银行结算账户撤销后到开户行办理撤销基本户手续）。如逾期未来办理相关变更或销户手续，开户行将视同公司自愿销户，将单位账户转入久悬未取专户管理，撤销公司结算账户，并按年收取账户管理费（2024年中国工商银行收费标准为480元/户）。

9. 子公司社保注销

社保注销是子改分的最后一步，时间在市场主体注销之后，分为两个步骤：

（1）员工社保减员

①进入网上自助经办页面选择法人电子营业执照登录；

②选择企业员工社保停止缴费登记，录入员工相关信息、退工原因、解除和终止日期；

③核对员工信息及停止缴费期间，电子营业执照扫码确认，下载退工单；

④完成退工登记办理。

注意：该操作需在25日之前办理，否则公司将在下个月继续为员工缴纳社保费用。

（2）公司社保注销

①办理完公司税务注销、市场主体注销、银行账号注销后取得市场主

体准予注销通知书。

②经办人携带市场主体准予注销通知书及经办人身份证前往社保大厅柜面办理公司社保注销。

（四）吸收合并会计处理

1. 母公司会计处理

当母公司长期股权投资与子公司所有者权益存在差异时，差异调整哪个会计科目，曾经有过两种理论流派：一种流派是将差异放至未分配利润，其理论依据是子公司在吸收合并前，合并报表就是放在未分配利润，吸收合并应视为除了主体进行了重组，其他什么都没有变化，为了保持一贯性原则，应将差异放到未分配利润；另一种流派认为应当将差异放到资本公积，理论依据是形成未分配利润前需要计提10%的法定盈余公积和任意盈余公积（若有），因此未分配利润的形成与法定盈余公积存在严格对应的关系，因而吸收合并调整未分配利润是不合适的。财务部印发的《企业会计准则解释第7号》[1]（财会〔2015〕19号）第四问答对两种理论流派进行了折中处理，具体规定为："原母公司对该原子公司长期股权投资的账面价值与按上述原则将原子公司的各项资产、负债等转入原母公司后形成的差额，应调整资本公积；资本公积不足冲减的，调整留存收益。"即先调整资本公积，资本公积不足冲减的，调整留存收益。调整顺序为：资本公积、盈余公积、未分配利润。

关于全资子公司改为分公司后的母公司会计处理，《企业会计准则解释第7号》对母子公司内部交易形成的未实现损益、商誉、安全生产费或一般风险准备、子公司损益、子公司所有者权益问题采取一问一答形式进行了详细说明。

---

[1] https://www.casc.org.cn/2015/1113/203865.shtml

其中第四问:"四、母公司直接控股的全资子公司改为分公司的,该母公司应如何进行会计处理?

答:'母公司直接控股的全资子公司改为分公司的(不包括反向购买形成的子公司改为分公司的情况),应按以下规定进行会计处理:

(一)原母公司(即子公司改为分公司后的总公司)应当对原子公司(即子公司改为分公司后的分公司)的相关资产、负债,按照原母公司自购买日所取得的该原子公司各项资产、负债的公允价值(如为同一控制下企业合并取得的原子公司则为合并日账面价值)以及购买日(或合并日)计算的递延所得税负债或递延所得税资产持续计算至改为分公司日的各项资产、负债的账面价值确认。在此基础上,抵销原母公司与原子公司内部交易形成的未实现损益,并调整相关资产、负债,以及相应的递延所得税负债或递延所得税资产。此外,某些特殊项目按如下原则处理:

1.原为非同一控制下企业合并取得的子公司改为分公司的,原母公司购买原子公司时产生的合并成本小于合并中取得的可辨认净资产公允价值份额的差额,应计入留存收益;原母公司购买原子公司时产生的合并成本大于合并中取得的可辨认净资产公允价值份额的差额,应按照原母公司合并该原子公司的合并财务报表中商誉的账面价值转入原母公司的商誉。原为同一控制下企业合并取得的子公司改为分公司的,原母公司在合并财务报表中确认的最终控制方收购原子公司时形成的商誉,按其在合并财务报表中的账面价值转入原母公司的商誉。

2.原子公司提取但尚未使用的安全生产费或一般风险准备,分别情况处理:原为非同一控制下企业合并取得的子公司改为分公司的,按照购买日起开始持续计算至改为分公司日的原子公司安全生产费或一般风险准备的账面价值,转入原母公司的专项储备或一般风险准备;原为同一控制下企业合并取得的子公司改为分公司的，按照合并日原子公司安全生产费或一般风险准备账面价值持续计算至改为分公司日的账面价值，转入原母公司的专项储备或一般风险准备。

3.原为非同一控制下企业合并取得的子公司改为分公司的，应将购买日至改为分公司日原子公司实现的净损益，转入原母公司留存收益；原为同一控制下企业合并取得的子公司改为分公司的，应将合并日至改为分公司日原子公司实现的净损益，转入原母公司留存收益。这里，将原子公司实现的净损益转入原母公司留存收益时，应当按购买日（或合并日）所取得的原子公司各项资产、负债公允价值（或账面价值）为基础计算，并且抵销原母子公司内部交易形成的未实现损益。

原子公司实现的其他综合收益和权益法下核算的其他所有者权益变动等，应参照上述原则计算调整，并相应转入原母公司权益项下其他综合收益和资本公积等项目。

4.原母公司对该原子公司长期股权投资的账面价值与按上述原则将原子公司的各项资产、负债等转入原母公司后形成的差额，应调整资本公积；资本公积不足冲减的，调整留存收益。

（二）除上述情况外，原子公司改为分公司过程中，由于其他原因产生的各项资产、负债的入账价值与其计税基础不同所产生的暂时性差异，按照《企业会计准则第18号——所得税》的有关规定进行会计处理。

（三）其他方式取得的子公司改为分公司的，应比照上述（一）和（二）原则进行会计处理。'"

实务中总公司A在进行会计处理时有两种方法，第一种方法是先将子公司B的资产、负债及所有者权益按账面值转入总公司A，再由总公司A将资产、负债转入分公司C，差异记入其他应收款。其理论基础是吸收合并只能是母公司吸收子公司,不能认为是分公司吸收子公司,故会计处理需要分为两步。第二种方法是由子公司B将所有者权益转入总公司A,同时将资产、负债转移到分公司C,其理论基础是基于分公司C是总公司A的一部分,吸收合并及子改分是同时进行的,且吸收合并协议及重组公告也说明了总公司A吸收合并子公司B时,子公司B的债权、债务由总公司A承继,同时总公司A将债权、债务划转至分公司C,会计处理结果与第一种方法完全相同。

2. 子公司会计处理

子公司作为被合并方,根据《企业会计准则解释第7号》规定,需将资产、负债及所有者权益转入母公司,转入后所有科目余额清零。

3. 分公司会计处理

分公司接收总公司划转的资产、负债后记入各会计科目,差额部分记入其他应收款。

4. 会计处理案例

B公司为A公司的全资子公司,现A公司吸收合并B公司,并新设分公司C。假设吸收合并日为10月31日,10月31日A公司、B公司及分公司C各项目数据见表7-2(单位:万元)。

表7-2 吸收合并日的母公司、子公司、分公司数据

项目	A公司	B公司	分公司C
货币资金	1000	500	0
其他应收款	0	0	0
长期股权投资	1500	0	0
固定资产	7500	6500	0
应付账款	1000	1000	0
其他应付款	0	0	0
短期借款	5000	4000	0

续表

项目	A公司	B公司	分公司C
实收资本	2000	1500	0
资本公积	500	100	0
盈余公积	100	50	0
未分配利润	1400	350	0
营业收入（1—10月）	2000	1500	0
营业成本（1—10月）	1500	1200	0
所得税（1—10月）	125	75	0
净利润（1—10月）	375	225	0

方案一：将吸收合并及资产、负债划转分为两步进行会计处理。

10月31日，A公司会计处理为：

步骤1：A公司吸收合并B公司

借：货币资金　　　　　500

　　固定资产　　　　　6500

　　贷：应付账款　　　　　　1000

　　　　短期借款　　　　　　4000

　　　　长期股权投资　　　　1500

　　　　资本公积　　　　　　100

　　　　盈余公积　　　　　　50

　　　　未分配利润　　　　　350

步骤2：A公司将吸收合并的资产、负债划转至分公司C

借：应付账款　　　　　1000

　　短期借款　　　　　4000

　　其他应收款——分公司C　2000

贷：货币资金　　　　　　　　　500

　　固定资产　　　　　　　　　6500

方案二：将吸收合并及资产、负债划转两步并作一步进行会计处理。

（1）10月31日，A公司会计处理为：

借：其他应收款——分公司C　　2000

贷：长期股权投资　　　　　　　1500

　　资本公积　　　　　　　　　100

　　盈余公积　　　　　　　　　50

　　未分配利润　　　　　　　　350

（2）10月31日，B公司会计处理为：

借：应付账款　　　　　　　　　1000

　　短期借款　　　　　　　　　4000

　　实收资本　　　　　　　　　1500

　　资本公积　　　　　　　　　100

　　盈余公积　　　　　　　　　50

　　未分配利润　　　　　　　　350

贷：货币资金　　　　　　　　　500

　　固定资产　　　　　　　　　6500

（3）10月31日，分公司C会计处理为：

借：货币资金　　　　　　　　　500

　　固定资产　　　　　　　　　6500

贷：应付账款　　　　　　　　　1000

　　短期借款　　　　　　　　　4000

　　其他应收款——A公司　　　2000

吸收合并及子改分完成后 11 月 1 日，A 公司、B 公司及分公司 C 各项目数据见表 7-3（单位：万元）。

表 7-3 吸收合并及子改分完成后的母公司、子公司、分公司数据

项目	A 公司	B 公司（已注销）	分公司 C
货币资金	1000	—	500
其他应收款	2000	—	0
长期股权投资	0	—	0
固定资产	7500	—	6500
应付账款	1000	—	1000
其他应付款	0	—	2000
短期借款	5000	—	4000
实收资本	2000	—	—
资本公积	600	—	—
盈余公积	150	—	—
未分配利润	1750	—	0
营业收入（1—10月）	2000	—	0
营业成本（1—10月）	1500	—	0
所得税（1—10月）	125	—	0
净利润（1—10月）	375	—	0

第八章　子改分实务中存在的困难和解决路径

（一）被合并方融资余额处理

为了保护被合并方公司债权人的合法权益，公司在合并决议之日起十日内通知债权人，并于三十日内在报纸上公告。债权人自接到通知书之日起三十日内，未接到通知书的自公告之日起四十五日内，可以要求公司清偿债务或者提供相应的担保。若债权人未在规定期限内行使上述权利的，则公司合并将按照法定程序实施。债权人面临三种选择：一是要求公司提前归还融资，二是要求公司提供担保，三是不要求清偿债务或提供担保，通过实施融资移动让总公司或分公司承继债务。

1. 提前归还融资

如果银行选择第一种方案，即要求公司提前归还融资，通常是基于这些原因：一是银行内部需要重新履行审批程序，项目本身和增信措施都没有问题，但时间上难以保障；二是项目贷款融资金额较小，银行从审批程序经济性角度耗时耗力；三是内部审批程序存在障碍。

一旦银行要求提前归还融资，被合并方就需要进行筹资，资金来源一般有三种：一是自有资产，二是股东借款，三是新增外部融资。如果选择第三种方案，则需要以合并方作为融资主体，筹集资金后再以股东借款名义汇入被合并方，因为被合并方即将注销，取得新增融资置换存量融资后将面临二次融资平移的问题。

2. 将子公司融资上移至母公司

实务中，母公司通过引入新的金融机构，将母公司取得的新融资用于归还子公司旧融资，归还后子公司注销，存量融资保留在母公司账上。实务操作中，工、农、中、建、交等五大银行较难实现这种模式，主要原因是固定资产贷款的授信主体是子公司，银行无法将融资直接投放给母公司。但一些政策性银行，如中国进出口银行可以实施。

需要注意的是，一家企业有唯一的统一社会信用代码，企业名称可能会变化，但统一社会信用代码不会变。根据商业银行内部规定，银行会根据企业的统一社会信用代码生成独一无二的客户号，银行内部称作管户权，一家银行的分支机构一旦持有客户号，同一家银行的其他分支机构便无法对该企业进行融资授信，除非该企业提前归还融资余额，并且银行的分支机构同意将管户权移交给其他分支机构。因此，如果吸收合并涉及的母、子公司之间，或者几个子公司之间，在同一家银行的不同分支机构有未还清的存量贷款，则无法实现全部子公司融资平移。

3. 将子公司融资平移至分公司

母公司吸收合并子公司后，子公司注销，总公司新设分公司，分公司承继了子公司的资产、负债、劳动力及所有合同。虽然项目经营没有任何改变，但对银行而言，将子公司融资平移至新成立的分公司，视为发放一笔新的贷款，银行内部需重新上会，实务中大多数银行无法操作，主要原因是授信主体不一致，无法直接将融资进行平移。授信主体根据客户号进行识别，设立新的分公司承继原授信主体子公司的资产、负债、劳动力及所有合同，但在银行系统内对于新成立的分公司会生成一个新的客户号，如果需要承继原有授信，需作为一个新授信主体重新申报，而无法直接平移。但中信银行、工商银行可以进行操作，存在成功实施子公司融资平移至分公司的案例。

（二）投资备案变更

投资备案需不需要变更？如何变更？

1. 备案变更的必要性

企业自主投资建设的项目，需要在项目所在地进行备案，由于吸收合并导致项目的投资主体发生变更，即投资主体从子公司变为母公司某一分公司，该项目需进行备案变更。备案变更的目的：一是使项目投资主体与资产所有权主体一致；二是满足分布式光伏项目申请或变更政府补贴时需要提供备案证的要求，以及用户侧储能项目未来参与电网公司需求侧响应时需要提供备案证的要求；三是满足电网公司办理购售电协议变更时需投资方提供变更后的备案证的要求；四是满足项目在进行融资时金融机构要求提供变更后的备案证的要求。

2. 备案变更的国家政策依据

企业投资项目需要进行备案的依据是《国务院关于投资体制改革的决定》（国发〔2004〕20号）[1]，该文件指出："对于企业不使用政府投资建设的项目，一律不再实行审批制，区别不同情况实行核准制和备案制。"

2016年11月30日公布的国务院令第673号《企业投资项目核准和备案管理条例》[2]第三条规定："对关系国家安全、涉及全国重大生产力布局、

---

[1] https://www.gov.cn/zwgk/2005-08/12/content_21939.htm

[2] https://www.gov.cn/zhengce/content/2016-12/14/content_5147959.htm

战略性资源开发和重大公共利益等项目,实行核准管理。具体项目范围以及核准机关、核准权限依照政府核准的投资项目目录执行。政府核准的投资项目目录由国务院投资主管部门会同国务院有关部门提出,报国务院批准后实施,并适时调整。国务院另有规定的,依照其规定。

对前款规定以外的项目,实行备案管理。除国务院另有规定的,实行备案管理的项目按照属地原则备案,备案机关及其权限由省、自治区、直辖市和计划单列市人民政府规定。"

《企业投资项目核准和备案管理条例》第十九条规定了备案的必须性:"实行备案管理的项目,企业未依照本条例规定将项目信息或者已备案项目的信息变更情况告知备案机关,或者向备案机关提供虚假信息的,由备案机关责令限期改正;逾期不改正的,处2万元以上5万元以下的罚款。"

《企业投资项目核准和备案管理条例》第十三条规定了备案的内容:"实行备案管理的项目,企业应当在开工建设前通过在线平台将下列信息告知备案机关:

(一)企业基本情况;

(二)项目名称、建设地点、建设规模、建设内容;

(三)项目总投资额;

(四)项目符合产业政策的声明。

企业应当对备案项目信息的真实性负责。

备案机关收到本条第一款规定的全部信息即为备案;企业告知的信息不齐全的,备案机关应当指导企业补正。

企业需要备案证明的,可以要求备案机关出具或者通过在线平台自行打印。"

《企业投资项目核准和备案管理条例》第十四条规定了备案如何变更:

"已备案项目信息发生较大变更的，企业应当及时告知备案机关。"

2017年3月8日公布的国家发展和改革委员会令第2号《企业投资项目核准和备案管理办法》[1]第四十三条规定："项目备案后，项目法人发生变化，项目建设地点、规模、内容发生重大变更，或者放弃项目建设的，项目单位应当通过在线平台及时告知项目备案机关，并修改相关信息。"

综合上述《企业投资项目核准和备案管理条例》和《企业投资项目核准和备案管理办法》的规定，分布式光伏和用户侧储能项目属于备案管理范畴；不备案的由备案机关责令限期改正，逾期不改正的将被处以罚款；备案内容包含企业基本情况或项目单位情况；备案后子改分涉及项目单位变更，应当通过在线平台及时告知项目备案机关，并修改相关信息。

3. 部分地方政策与国家政策存在冲突

实务中，部分区域能够积极配合作好投资备案变更，如湖北武汉和十堰区域、江苏南通区域。也有部分区域发改委对备案变更存在认识上的分歧，如上海部分区域和江苏部分区域的发改委认为，建成项目不需要进行备案变更。

上海部分区域认为不需要进行备案变更的政策依据是《上海市企业投资项目备案管理办法》（沪府规〔2019〕14号）[2]，其中第十四条规定："项目备案后，项目规模、内容发生重大变更，或者放弃项目建设的，项目单位应当通过在线平台及时告知项目备案机关，并修改相关信息。项目法人、项目建设地点发生变化，项目单位应当通过在线平台重新填报项目备案基本信息，并撤销原备案项目代码。"

江苏部分区域认为项目竣工后备案不需要变更，依据是《省政府关于

---

[1] https://www.gov.cn/gongbao/content/2017/content_5225868.htm
[2] https://www.shanghai.gov.cn/nw12344/20200813/0001-12344_58818.html

印发江苏省企业投资项目核准和备案管理办法的通知》（苏政发〔2017〕88号）[1]，该通知第四十五条规定："项目备案后，项目法人发生变化，项目建设地点、建设规模、建设内容发生重大变更，总投资变化20%以上或者放弃项目建设的，项目单位应当通过在线平台及时告知项目备案机关，并修改相关信息或撤销备案。"但该通知强调"项目备案后"，并未规定竣工后不得进行备案变更，不同区域对该文件理解上存在一定差异。

有网友2023年6月12日在江苏省发展和改革委员会网上"政民互动"进行咨询[2]，标题为"项目已进行到后期，备案是否可以进行修改"，内容为"新建类项目，房建部分已完工项目进行已竣工验收备案，后续设备部门未完成，但是项目法人单位发生变更，根据《省政府关于印发江苏省企业投资项目核准和备案管理办法的通知》（苏政发〔2017〕88号）：项目备案后，项目法人发生变化，项目建设地点、建设规模、建设内容发生重大变更，总投资变化20%以上或者放弃项目建设的，项目单位应当通过在线平台及时告知项目备案机关，并修改相关信息或撤销备案。文件未明确建成后是否能进行法人单位变更，那我们是否可以进行变更备案？"江苏省发展和改革委员会受理回复内容为："您好！来信收悉，根据《江苏省企业投资项目核准和备案管理办法》相关规定，项目备案后项目法人发生变化，项目建设地点、建设规模、建设内容发生重大变更，总投资变化20%以上或者放弃项目建设的，项目单位应当通过在线平台及时告知项目备案机关，并修改相关信息或撤销备案；从项目实施实践来看，项目建成竣工验收后，表示项目投资建设过程已经完成，通常不予再行变更。感谢您对发展改革工作的理解与支持！"该回复值得商榷，认为竣工验收后不

---

[1] https://www.jiangsu.gov.cn/art/2017/7/5/art_46143_2543351.html
[2] http://fzggw.jiangsu.gov.cn/jact/front/mailpubdetail.do?transactId=356241& sysid=112

得进行备案变更是与《企业投资项目核准和备案管理条例》《企业投资项目核准和备案管理办法》及苏政发〔2017〕88号文相冲突的。

尽管目前各省市使用的备案系统并不相同，导致对建成项目是否能进行备案变更存在认知上的差异，但通过现场解释说服并提供支撑文件，一般能完成备案变更。备案变更完成的文件格式也不相同，如河南省郑州市是收回原来出具的3份盖章文件《河南省企业投资项目备案证明》，然后将备案证明的企业（法人）全称直接修改为新的项目主体，即分公司，出具日期仍为当时出具备案证明的日期，而非变更时的日期。综合上海市各区发改委的反馈意见，建议以分公司新增备案，并在填写备案信息时写明项目单位变化原因，且不撤销原备案证。江苏省变更后的备案证上会显示原备案证号作废，项目代码等信息与原备案证均保持一致，落款日期变更为新证日期。湖北省变更后的备案证也仅有项目单位、落款日期的变动。

4.备案变更需要提供的材料

办理投资备案变更需要提供的材料有：分公司营业执照、分公司负责人身份证、子公司营业执照、资产重组协议书、备案证变更申请表、承诺书、EMC合同补充协议、被合并方股东决定等。具体备案变更流程见后文。

（三）分公司作为备案主体

分公司是否可以作为备案主体？

各区域在处理分公司投资项目备案时，可能存在一定的认识误区，有一些区域的行政审批局工作人员认为，分公司不能备案是全国性的政策，并在发改委或行政审批系统内部通知各区县预审人员，要严格控制分公司备案，认为只有央企的分公司取得总公司授权才能备案。相应地，非央企分公司不能进行项目备案。

上述认识误区的原因是未能正确解读行政法规和地方政府规章，《企业投资项目核准和备案管理条例》《企业投资项目核准和备案管理办法》的文件性质是行政法规，《上海市企业投资项目备案管理办法》《省政府关于印发江苏省企业投资项目核准和备案管理办法的通知》属于地方政府规章，这两个地方政府规章均在文件里明确写明了文件制定依据是上述两个行政法规。其中：《上海市企业投资项目备案管理办法》第一条规定："为规范政府对企业投资项目的备案行为，根据《企业投资项目核准和备案管理条例》《企业投资项目核准和备案管理办法》等，结合本市实际，制定本办法。"《省政府关于印发江苏省企业投资项目核准和备案管理办法的通知》第一条规定："为落实企业投资自主权，规范政府对企业投资项目的核准和备案行为，实现便利、高效服务和有效管理，依法保护企业合法权益，依据《中华人民共和国行政许可法》《企业投资项目核准和备案管理条例》《企业投资项目核准和备案管理办法》等有关法律法规，制定本办法。"因此，两个地方政府规章的规定不得扩大或限缩行政法规的精神。

《企业投资项目核准和备案管理条例》全文并未出现"法人"二字，用的是"企业"二字，《企业投资项目核准和备案管理办法》也用的是"企业"二字，"法人"只出现过一次，即在第四十三条中："项目备案后，项目法人发生变化，项目建设地点、规模、内容发生重大变更，或者放弃项目建设的，项目单位应当通过在线平台及时告知项目备案机关，并修改相关信息。"江苏省文件和上海市文件也引用了"项目法人"概念，导致误认为项目投资主体只能是法人不能是分公司，因为分公司不是法人。这种认识是不对的，这里的"项目法人"实际是指"项目投资主体"，既可以是独立法人，也可以是分公司。从这个角度而言，《企业投资项目核准和备案管理办法》第四十三条中"项目法人"用词并不准确，应该修改为"项目投资主体"。

另外，民营企业和其他各类市场主体是平等的，不应存在备案待遇的不同的差别。党的二十大报告指出，要"优化民营企业发展环境，依法保护民营企业产权和企业家权益，促进民营经济发展壮大"。党的二十大报告特别强调要坚持"两个毫不动摇"，平等保护原则就是"两个毫不动摇"的法律表现。平等保护是维护我国基本经济制度、构建社会主义市场经济的基础。对各类市场主体要一视同仁，营造公平竞争的市场环境、政治环境、法治环境，确保权利平等、机会平等、规则平等。只有继续坚持平等保护这一重要的法律原则，才能让民营企业家专心创业、放心投资、安心经营。

（四）购售电协议变更

购售电协议是否需要变更？如何变更？

分布式光伏项目涉及余电上网，需要变更购售电协议。变更用途有三：一是需要将子公司收取供电公司电费改为分公司收取供电公司电费；二是未来政府对分布式光伏的各种项目补贴需要通过供电公司支付给分公司；三是未来分布式光伏以虚拟电厂参与需求侧响应，该部分收入也需要通过供电公司支付给分公司。

用户侧储能项目由于供电不能直接上网，一般也不与电网公司签购售电协议，在没有需求侧响应模式下，暂不需要与供电公司办理变更。但未来用户侧储能项目可能参与电网需求侧响应或有机会转为独立储能，则可能需要与电网公司签署新的协议。

办理购售电协议变更需要提供的材料有：

1. 公司营业执照（分公司、子公司）；

2. 法人身份证复印件（分公司法定代表人）；

3. 经办人身份证复印件（盖分公司公章）；

4. 授权委托书原件（盖分公司公章）；

5. 租赁协议（即 EMC 协议）；

6. 供应商收款账号变更函；

7. 过户申请表。

（五）基准日和重组日确定

什么是基准日？什么是重组日？如何确定基准日和重组日？确定基准日和重组日有哪些考量因素？

1. 基准日

基准日是一个审计、评估意义上的概念，进行审计、评估，需要确定审计基准日和评估基准日，一般而言，评估基准日会与审计基准日相同。它与资产重组日之间的期间为过渡期。

2. 重组日

资产重组日是一个税务概念，《国家税务总局关于企业重组业务企业所得税征收管理若干问题的公告》（国家税务总局公告 2015 年第 48 号）第三条规定："财税〔2009〕59 号文件第十一条所称重组业务完成当年，是指重组日所属的企业所得税纳税年度。

企业重组日的确定，按以下规定处理：

……

4. 合并，以合并合同（协议）生效、当事各方已进行会计处理且完成工商新设登记或变更登记日为重组日。按规定不需要办理工商新设或变更登记的合并，以合并合同（协议）生效且当事各方已进行会计处理的日期为重组日。"

根据上述规定，吸收合并属于不需要办理市场主体新设或变更登记的合并，应以合并合同（协议）生效且当事各方已进行会计处理的日期为重组日，即重组日根据合并合同（协议）生效日和会计处理日孰晚为准，实务操作中会计处理日一定晚于合并合同（协议）签署日。因为《公司法》（2023）第二百二十条规定："公司合并，应当由合并各方签订合并协议，并编制资产负债表及财产清单。公司应当自作出合并决议之日起十日内通知债权人，并于三十日内在报纸上或者国家企业信用信息公示系统公告。债权人自接到通知之日起三十日内，未接到通知的自公告之日起四十五日内，可以要求公司清偿债务或者提供相应的担保。"可见，先要签署吸收合并协议，然后才能对外发布公告。另外，合并协议签署后的四十五日内，债务处置存在不确定性，有可能被提前清偿，有可能由分公司承继，在业务存在不确定性时，会计处理一定是延后的。通常，会计处理应在公告期结束（四十五日）且确定债务处置方案后方可进行。

综上所述，重组日实为各方进行会计处理的日期。

3. 吸收合并期间合并方注册资本不得变化

在国家企业信用信息公示系统发布的吸收合并公告的标准内容为："本公司已于20××年××月××日作出合并，采用吸收合并。本公司现有债权、债务将由合并后的公司××××公司（注册资本××××万元人民币）承继。请本公司债权人自本公告发布之日起四十五日内，与本公司联系，要求清偿债务或者提供相应的担保。"由于公告内容明确了合并方的注册资本金额，该金额不得在吸收合并期间发生变化，既不能增加注册资本，更不能减少注册资本[1]。如果合并方在吸收合并期间进行了增资，被合并方将不能正常注销，因为被合并方在市场主体注销过程中，市场监督管理部门会调取合并方在国家企业信用信息公示系统中的注册资本信

---

[1] 减资程序，《公司法》（2023）第二百二十四条规定："公司减少注册资本，应当编制资产负债表及财产清单。公司应当自股东会作出减少注册资本决议之日起十日内通知债权人，并于三十日内在报纸上或者国家企业信用信息公示系统公告。债权人自接到通知之日起三十日内，未接到通知的自公告之日起四十五日内，有权要求公司清偿债务或者提供相应的担保。"

息，注册资本变化视为公告内容的变更，被合并方需要重新进行吸收合并公告，之前已经进行的公告需要作废。

（六）税务注销

各省市在具体执行环节的前后方面存在一些差异。以湖北省武汉市税务局为例，纳税人只需与税务大厅打交道，税务大厅先将资料流转至主管税务所，主管税务所留存所得税特殊性税务处理材料后增值税进项留抵税额被流转至货劳科，货劳科审核完毕后资料被重新流转至税务大厅，税务大厅判断是否适用即办注销，不适用即办注销的将资料流转至稽查所，稽查所审核完毕后资料再次流转至税务大厅，最终进行税务注销。

江苏省是先进行税务注销流程，税务注销过程中通过系统生成进项留抵税额转移单，注销完毕后再审核进项留抵税额转移单，先后完成主管税务所所长、货劳科科长、税务局局长签字盖章。

1.金税三期系统自动判断属于即办注销还是普通税务注销

《清税申报表》等一套资料提交后，金税三期系统自动判断被合并方符合即办注销条件还是普通税务注销条件。即办注销不存在风险应对事项，税务机关可立即出具清税证明。营收规模是否巨大，业务是否复杂不是判断是否符合即办注销的前置条件，即使被合并方业务较多，收入规模较大，也是有可能符合即办注销条件的。

如果金税三期系统自动判断被合并方不符合即办注销条件，即需要走普通税务注销程序，这时税务大厅（通常称为一所）会将注销申请传递给稽查所，稽查所出具《涉税事项调查表》，主要关注事项为：调查情况说明，发票使用、清缴情况，纳税情况，涉税事项清理情况，税务证件收缴情况，违法违章处理情况，申请注销前个人所得税申报异常情况，申请注销前代开发票异常情况等，得出调查结论为"未发现问题"后方可注销。

2.税务注销过程中的风险应对

公司在税务注销过程中,金税三期系统会自动弹出风险应对问题,解决这些问题是税务注销的前置流程,如果不提供被税务机关认可的解释说明,流程便无法继续执行下去。实务中弹出的风险问题五花八门,本书仅罗列较为常见的问题。

(1)咨询费占营业收入比例如果超过4%会被要求提供解释说明。

税法对成本、费用、损失允许税前扣除的原则是与收入相关且合理,依据是《企业所得税法》第八条规定:"企业实际发生的与取得收入有关的、合理的支出,包括成本、费用、税金、损失和其他支出,准予在计算应纳税所得额时扣除。"这是一个大原则,具体针对以下11项费用规定了税前扣除比例,见表8-1。

表8-1 税法规定的主要费用税前列支标准

费用类别	税前扣除比例	计算基数
职工福利费	14%	工资、薪金总额
职工教育经费	8%	工资、薪金总额
补充养老保险费	5%	工资、薪金总额
补充医疗保险费	5%	工资、薪金总额
工会经费	2%	工资、薪金总额
党组织工作经费	1%	工资、薪金总额
业务招待费	发生额的60%和收入的5‰孰低	按发生额的60%扣除,但最高不得超过当年销售(营业)收入的5‰
广告费和业务宣传费	15%	销售(营业)收入
手续费及佣金支出	5%	服务协议或合同确认的收入金额
公益性捐赠支出	12%	利润总额

由于咨询费不属于以上任何类别,具有较广泛的商业经济内涵,实务

第八章　子改分实务中存在的困难和解决路径

中运用较广，故是税务机关重点稽查对象。税法从未规定咨询费占营业收入的比例不得超过4%，只要企业能提供证据，说明咨询费与收入相关且合理，便会获取税务机关的支持。

（2）申请前12个月内公司获得过增值税留抵退税。

子公司如果在申请前12个月内获得过增值税留抵退税，税务机关将重点稽查增值税的历年进项税额和销项税额。

根据《财政部　税务总局　海关总署关于深化增值税改革有关政策的公告》（财政部 税务总局 海关总署公告2019年第39号）规定，自2019年4月1日起，试行增值税期末留抵税额退税制度。根据《国家税务总局关于办理增值税期末留抵税额退税有关事项的公告》（国家税务总局公告2019年第20号）规定，增值税一般纳税人在满足纳税信用等级为A级或者B级，以及满足其他条件情况下，可办理增值税期末留抵税额退税。实务中新设立企业的纳税信用等级一般为M级，如果当年有收入，第三年上半年纳税信用等级可为A级或者B级，此时即可享受增值税期末留抵税额退税政策。如果企业已经享受了增值税期末留抵税额退税政策，意味着从产业链条整体角度看，该项目未向税务机关上缴实质性税收，但会在未来期间逐月缴纳增值税，从长远看不影响现金流。基于持续经营假设，国家推出了这项税收政策。但若企业在收到留抵退税后，采用清算注销，则产业链的链条发生中断，国家将会有税收损失；若企业采用吸收合并新设分公司，并不会实质性造成国家的税收损失，故相对于清算注销而言，吸收合并的经济行为更为合理，也较容易取得税务机关的理解。

（3）申请留抵退税前12个月公司有增值税零申报，可能存在收受不符合规定抵扣凭证的风险。

这里的增值税零申报不是指增值税申报表的各个项目均为0，而是指实缴增值税为0，当金税三期系统发出这项风险提示后，拟注销企业需要提供增值税零申报的解释说明。出现增值税零申报的一般原因是项目建设期存在大量进项税额，企业因不满足增值税留抵退税申报条件或者未申报增值税留抵退税，导致大量进项税额留存，每月的销项税额小于累计进项税额，因此实缴增值税为0。经合理解释后一般都能打消税务机关的疑虑。

（4）申请留抵退税前6个月增值税进项税额环比增幅超过80%且进项税额环比增加金额超过10万元。

这项风险提示具有特殊的背景，项目建设取得增值税进项税额是均匀的，如果项目竣工结算是在申请留抵退税前6个月，则办理竣工结算时供应商会开具大额发票，项目完工率将达到100%，付款率将达到97%（剩余3%为质量保证金）。由于智慧综合能源行业建设期一般较短，为3—6个月，竣工结算时增值税进项税额环比增幅超过80%就比较常见。这种情况下，企业只需要提供证明，证明申请留抵退税前6个月取得的增值税进项发票真实合理即可。

（5）资产负债表其他应收款大于10万元，其他应付款大于10万元。

税务机关关注"其他应收款"科目的原因是该科目可能涉及股东或员工从公司借款，一直未归还，这种情况下可能会涉及缴纳个人所得税。如果其他应收款系自然人股东借款引起的，可能被税务机关视作分红，要求缴纳个人所得税；属于员工借款未归还引起的，可能被税务机关认定为发放了工资薪金但未缴纳个人所得税。另外，根据《财政部 国家税务总局关于全面推开营业税改征增值税试点的通知》（财税〔2016〕36号）规定，借款业务属于"金融服务"中的贷款服务，企业无偿为个人提供借款还应当视同销售服务，缴纳增值税。故"其他应收款"科目主要涉及个人所得税和增值税问题。如果不涉及这两个问题，只需提供简单的解释说明即可。

（6）年度开具发票金额与暂估销售金额存在差额。

这项风险提示的主要原因是，企业当月并不确认准确销售金额并开具发票，但为保证收入与成本配比，企业在月末先暂估当月的收入，下月冲回暂估收入，再开具正式发票。这样会导致本年1月冲销去年12月暂估的发票，开具了去年12月的发票，同时本年12月暂估了当月的收入，只要去年12月收入与本年12月收入暂估存在差异（实务中大概率会这样），就会造成年度开具发票金额与暂估销售金额存在差额。这个问题并不复杂，是企业会计核算制度决定的，经过解释是能被税务机关认可的，但税务机关并不欢迎先暂估再冲销的核算模式，因为在纳税申报表中需要单独反映未开票收入，核算相对复杂一些。

（7）年末与年初的增值税留抵税额差异较大。

这个问题较为常见，只有处于成熟期的企业才能保持年末增值税与年初增值税差异不大，对于成长型的企业或是已经获取增值税留抵退税的企业，年末增值税与年初增值税差异不仅存在，而且会很大。企业只需要提供增值税进项税额的构成并给出合理的解释即可。

（8）增值税税负或企业所得税税负小于系统预警值。

税负指企业在一段时期内的税收负担的大小，通常用税负率表示，即用税负占应税收入的比重来进行衡量。通常所说的税负率，一般指增值税和企业所得税的税负率。增值税税负率=（本期销项税额–本期实际抵扣的进项税额）÷本期应税销售额×100%，其中：本期实际抵扣的进项税额=期初进项留抵税额+本期进项税额–进项转出–出口退税–期末进项留抵税额。企业所得税税负率=本期应纳企业所得税额÷本期应税收入×100%。

税务系统预警值是税务机关参照行业平均税负率对企业进行纳税申报稽核分析的参考指标，没有统一标准，也并非计算税额的指标，网上流传的各行业"预警税负率"都是没有根据的。税务预警并不代表企业就有税收问题，各企业之间因为资源禀赋和管理水平差异，利润率存在差异，相应地，税负率也就存在差异。和其他指标预警同样的道理，任何指标的税务预警，只能说明发现疑点，企业可能存在税务风险，但是不是真的存在税务问题，是需进一步的调查核实才能确认的。

（9）增值税税负与销售毛利率不匹配。

销售毛利率是反映企业销售盈利能力的重要指标之一，其计算公式是：销售毛利率=企业销售毛利/企业销售收入=（企业销售收入－企业销售成本）/企业销售收入。增值税税负率是企业当期应纳增值税额除以当期应税销售收入得出来的。销售毛利率与增值税税负率存在紧密的联系。例如，某企业销售收入为100万元，销售成本为80万元，销售毛利为20万元，销售毛利率为20%，假设增值税税率为13%，不考虑其他因素，则增值税税负应为（100×13%-80×13%）/100=2.6%。可见，销售毛利率与增值税税负率在理论上存在密切的正相关关系。基于该种关系，税务机关会将销售毛利率与增值税税负率变动对比作为一项重要的税收风险指标进行预警。

实务中，销售毛利率与增值税税负并不存在非常严格的对应关系，主要影响因素有：一是企业销售端增值税税率差异的影响。企业的销售收入并非都按13%的税率计算增值税，可能还存在9%、6%、3%、1%的税率，这些都会影响增值税税负和销售毛利率计算。二是企业采购端增值税税率差异的影响。同销售端一样，企业采购端也可能存在不同税率的进项税额，直接影响到增值税税负和销售毛利率计算。三是销售成本构成的影响。销售成本通常由原材料、人工成本和制造费用构成，人工成本是无进项税额的，原材料、人工成本和制造费用的构成比例直接影响到进项税额的大小。

四是供应商的影响。供应商是一般纳税人还是小规模纳税人,直接影响增值税税额的大小。五是存货变动的影响。在会计上是根据权责发生制计算销售毛利率的,其目的主要是让收入与成本配比,但增值税税负是根据收付实现制计算的,其应纳税额是根据当期销项税额减去当期实际抵扣税额得来的,当期抵扣的进项税额所对应的货物并不一定在当期销售,由此产生了增值税税负率偏离销售毛利率的情况。六是固定资产的影响。固定资产的进项税额是一次抵扣的,但计算销售毛利率时,固定资产的价值是通过计提折旧(折旧期3—20年)的方式分期转入成本的,也会产生增值税税负率偏离销售毛利率的情况。七是销售费用、管理费用、营业外收入的影响。销售费用、管理费用不参与销售毛利率计算,但销售费用和管理费用可能存在增值税进项税额,营业外收入也可能存在销项税额。这些都影响增值税应纳税额的计算。

综上所述,增值税税负与销售毛利率不匹配的问题是可以合理解释的。

(10)印花税未缴纳的风险。

印花税是对合同、凭证、书据、账簿及权利许可证等文件征收税款的税种,其征税对象主要有四类:合同、产权转移书据、营业账簿、证券交易。印花税被不少企业认为是小税种,税率低、缴税少,所以往往不够重视,但是一旦造成漏报、少报,则隐藏着巨大的风险,实务中出现小税种查出漏缴大税款的案例不少。印花税的特点是征税范围广,企业只要在经营,就一定存在印花税征税对象,漏报、少报后的滞纳金征收天数比较长,导致补缴的税款金额较大。

实务中,印花税是最容易被稽查补税的,企业在注销时做到100%准确、及时缴纳是比较困难的,税务机关通常会或多或少查缴一定税收。印花税的计征方式有三种,分别是按季、按年或者按次计征。《中华人民共和国印花税法》(2021)第十六条规定:"实行按季、按年计征的,纳税人应当自季度、年度终了之日起十五日内申报缴纳税款;实行按次计征的,纳税人应当自纳税义务发生之日起十五日内申报缴纳税款。"通过稽查合同的签署日期和缴税日期,再稽查历史期间的计征方式,是有可能补缴印花税或者滞纳金的。

(11) 近五年应收账款峰值谷值差 >200 万元。

企业因为近五年应收账款峰值谷值差 >200 万元而列为税务风险,在实务中较为普遍,一方面是因为税务机关这个参考值 200 万元定得太低了,另一方面是因为应收账款可能涉及以下税务风险:一是当企业财务报表出现应收账款余额大且长期挂账时,税务机关可以合理怀疑企业是否存在虚开发票、虚增收入的风险。二是应收账款转为坏账损失时,企业应当提供备查资料进行解释说明,如人民法院的判决书或裁决书或仲裁机构的仲裁书,否则不能在企业所得税税前扣除,需作纳税调整。三是企业应收账款管理中,是否将坏账准备作为纳税调整事项进行了处理。

(12) 近五年其他应收款峰值谷值差 >200 万元。

税务机关对其他应收款稽查的重点有以下几项:一是其他应收款可能涉及关联公司的借贷行为,借款合同涉及利息收入的增值税、附加税和企业所得税问题。二是股东可能涉嫌抽逃出资款,税务机关可能认定其本质是股东借款,对于借款,就涉及利率和利息收入入账的及时性和准确性。三是针对自然人股东、个人独资企业、合伙企业,形式上是其他应收款下的备用金,实质上是股东分红,向这些非法人企业分红涉及个人所得税。

(13) 近五年应付账款峰值谷值差 >200 万元。

应付账款的峰值谷值差是税务稽查关注的一方面,另一方面税务机关也通过应付账款周转率来审查暂估入库和供应商发票情况。应付账款周转率＝主营业务成本/应付账款平均余额，应付账款平均余额＝（期初应付账款余额＋期末应付账款余额）/2。企业的应付账款金额越大，反映企业在市场交易中的话语权越大，从资金占用角度来看也是一种免费融资的能力。如果应付账款周转率过低，税务机关可能稽查采购业务的真实性；如果长期不付款，税务机关可能合理怀疑企业取得的是虚开发票，或者存在未将无须支付的应付款结转收入等问题。

（14）近五年预付账款峰值谷值差 >200 万元。

预付账款本身不直接涉及税务风险，因为预付款的目的是采购货物、服务或者劳务，但如果预付账款长期挂账，则会引起税务机关稽查，合理怀疑预付账款的真实性，如果预付账款实质是关联企业借款，就涉及与利息收入相关的增值税和企业所得税；如果预付账款实质是股东分红，就涉及个人所得税等问题。

（15）近五年预收账款峰值谷值差 >200 万元。

税务机关对预收账款稽查的重点是关注企业是否会将收到款项长期挂预收账款，来延期确认收入，少申报收入并少缴税。如果已达到收入确认条件，但未确认收入且长期挂账，会导致余额过大，从而引发稽查风险。因此，企业想要规避该风险，需要企业财务人员准确判定收入纳税义务发生的时间，及时开具发票确认收入，并及时申报纳税。

税务机关还可通过预收账款周转率来分析企业可能存在的少缴税款行为。预收账款周转率公式为：预收账款周转率＝主营业务收入/预收账款平均余额，预收账款平均余额＝（期初预收账款余额＋期末预收账款余额）/2。预收账款周转率过低，税务机关可以合理怀疑企业收入和预收结转不同步，可能存在已经发出货物但未按规定结转收入申报纳税的情况。

（16）享受企业所得税"三免三减半"优惠政策的正当性。

分布式光伏项目享受企业所得税"三免三减半"优惠政策。该优惠政策企业自主享受，不需税务机关审批或备案，企业只需存好备查资料即可。税务机关会重点稽查第一笔生产经营收入的时间。关于税收优惠政策的起始期间，税收依据是《国家税务总局关于实施国家重点扶持的公共基础设施项目企业所得税优惠问题的通知》（国税发〔2009〕80号）第一条规定："对居民企业（以下简称企业）经有关部门批准，从事符合《公共基础设施项目企业所得税优惠目录》（以下简称《目录》）规定范围、条件和标准的公共基础设施项目的投资经营所得，自该项目取得第一笔生产经营收入所属纳税年度起，第一年至第三年免征企业所得税，第四年至第六年减半征收企业所得税。"第二条规定："本通知所称第一笔生产经营收入，是指公共基础设施项目建成并投入运营（包括试运营）后所取得的第一笔主营业务收入。"例如，某个分布式光伏项目的第一笔电费收入时间为2021年12月，则免征企业所得税的期间为2021年至2023年，2024年至2026年，企业需减半缴纳企业所得税，从2027年起，企业需全额缴纳企业所得税。

（17）增值税申报收入与企业所得税申报收入存在差异的合理性。

若无特殊情况，增值税申报收入应与企业所得税申报收入相等。但实务中会存在差异造成两税收入不一致。主要原因有：两税收入的确认原则在某些业务中不一致，如纳税人将自产货物用于集体福利；两税收入的确认时点在某些业务中不一致；处置固定资产、无形资产会造成两税申报收入不一致；财政补贴的核算政策存在差异；其他原因。

（18）增值税申报收入和收入类印花税计税依据存在差异的合理性。

若无特殊情况，增值税申报收入和收入类印花税计税依据是相等的。但实务中会存在差异，主要原因有：无票收入会造成印花税与当期企业增值税销项发票金额不一致；无票采购会造成印花税与当期企业增值税进项发票金额不一致；企业可能享受印花税优惠，如小型微利企业享受印花税减半征收优惠政策等。

3.母子公司之间的关联交易

母子公司之间的关联交易是税务稽查的重点，其中母子公司之间服务费与管理费的区分是税收争议焦点问题。

税法对关联交易的要求是符合独立交易原则。其依据是《企业所得税法》（2018年修正）第四十一条规定："企业与其关联方之间的业务往来，不符合独立交易原则而减少企业或者其关联方应纳税收入或者所得额的，税务机关有权按照合理方法调整。企业与其关联方共同开发、受让无形资产，或者共同提供、接受劳务发生的成本，在计算应纳税所得额时应当按照独立交易原则进行分摊。"第四十二条规定："企业可以向税务机关提出与其关联方之间业务往来的定价原则和计算方法，税务机关与企业协商、确认后，达成预约定价安排。"第四十四条规定："企业不提供与其关联方之间业务往来资料，或者提供虚假、不完整资料，未能真实反映其关联业务往来情况的，税务机关有权依法核定其应纳税所得额。"

关于关联交易的具体内容，《企业所得税法实施条例》专门规定了管理费、租金、特许权使用费、利息等内容。《企业所得税法实施条例》第四十九条规定："企业之间支付的管理费、企业内营业机构之间支付的租金和特许权使用费，以及非银行企业内营业机构之间支付的利息，不得扣除。"税务机关根据规定认为母子公司之间发生的管理费不得税前扣除。事实上新能源企业多租用客户屋顶，资产主要是光伏组件、逆变器、储能电池等，现场仅有少人值守或无人值守，也无员工与子公司签署劳动合同，所有员工均在母公司入职，母公司的团队事实上为子公司提供了服务，母公司向子公司分摊费用是合理的，否则，母公司承担了多出的成本，子公司的利润却明显偏高。

《国家税务总局关于母子公司间提供服务支付费用有关企业所得税处理问题的通知》（国税发〔2008〕86号）对母子公司间服务费的税务处理作了比较明确的规定：

（1）关于价格公允问题，规定母公司为其子公司提供各种服务而发生的费用，应按照独立企业之间公平交易原则确定服务的价格，作为企业正常的劳务费用进行税务处理。母子公司未按照独立企业之间的业务往来收取价款的，税务机关有权予以调整。

（2）关于服务合同形式问题，规定母公司向其子公司提供各项服务，双方应签订服务合同或协议，明确规定提供服务的内容、收费标准及金额等，凡按上述合同或协议规定所发生的服务费，母公司应作为营业收入申报纳税，子公司作为成本费用在税前扣除。

（3）母公司有多个子公司的费用税务处理问题，规定母公司向其多个子公司提供同类项服务，其收取的服务费可以采取分项签订合同或协议收取，也可以采取服务分摊协议的方式，即由母公司与各子公司签订服务费用分摊合同或协议，以母公司为其子公司提供服务所发生的实际费用并附加一定比例利润作为向子公司收取的总服务费，在各服务受益子公司（包括盈利企业、亏损企业和享受减免税企业）之间按《企业所得税法》的相关规定合理分摊。

（4）母公司计提的管理费不得税前列支。规定母公司以管理费形式向子公司提取费用，子公司因此支付给母公司的管理费，不得在税前扣除。

（5）规定服务合同或者协议是税前列支必需文件。子公司申报税前扣除向母公司支付的服务费用，应向主管税务机关提供与母公司签订的服务合同或者协议等与税前扣除该项费用相关的材料。不能提供相关材料的，支付的服务费用不得税前扣除。

综合以上分析，税务争议焦点落在子公司支付的费用种类是管理费还是服务费。为了让子公司列支的管理费能在税前列支，母子公司签署费用分摊合同时要提前规划，确保经济行为具有商业实质，且合同文本和发票内容不得出现管理费，而应以服务费或技术服务费的形式进行体现，并及时开具发票完成资金支付，避免在注销环节引起争议被税务机关作纳税调整，影响税务注销时间和法人压减进度。

4. 融资租赁的税务问题

被合并方在注销过程中，如果存在融资租赁行为，税务机关会比较关注，因为融资租赁会使发票流和资金流不一致，需要办税人员进行耐心解释，并提供书面说明文件。智慧综合能源行业建设期较多使用融资租赁模式，因为建设期较短，一般在3个月左右，银行贷款完成审批需要较长时间，即使审批通过，银行放款时要求资本金同比例到位，且要求取得电力接入批复，而金融租赁公司在提供融资租赁时对上述要求可适当放宽，故在智慧综合能源行业，通常在建设期使用融资租赁款，建设期完成后再用银行贷款进行置换。

融资租赁分为直租和回租。直租（也称为直接租赁）是指融资租赁公司购买承租人所需的设备，然后直接出租给承租人使用。在直租模式下，设备的所有权在租赁期间通常归属于出租人，而承租人则通过支付租金来使用设备。租赁期结束后，承租人可以选择购买资产，如果选择购买，资产所有权将转移给承租人。回租是指设备的所有者先将设备出售给租赁公司，然后再从租赁公司租回使用。在回租模式下，设备的所有权在租赁期间归属于租赁公司，而设备的实际使用权则保留给了原设备的所有者。这两种模式的主要区别在于，回租要求标的资产已经存在，直租则可以针对建设中的资产进行融资。其中，直租和回租在财务处理和税收处理方面也有所不同，例如，直租的设备采购增值税税率为13%，而回租的增值税税率为6%。另外，这两种模式适用于不同的融资需求和场景，直租适用于当承租人需要使用设备但缺乏购买资金时，而回租则适用于拥有设备但需要流动资金的公司。

鉴于直租和回租的不同适用场景，智慧综合能源行业使用较多的是金融租赁公司直租，其交易结构见图8-1。

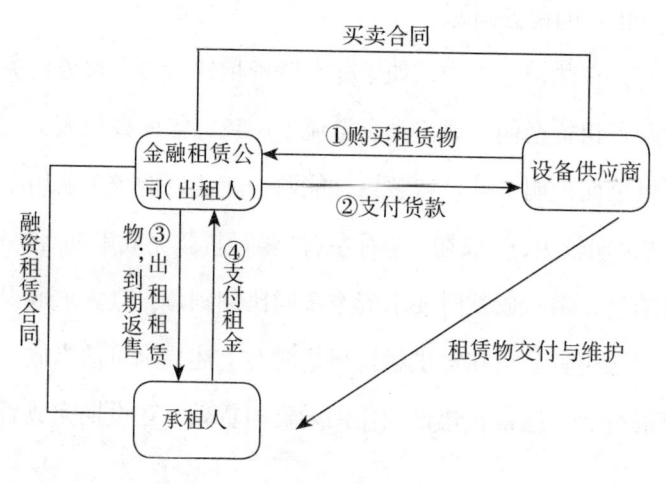

图8-1 直租的交易结构及说明

以上为正常的直接租赁交易结构。为方便操作，金融租赁公司可能建议在租赁物采购环节采用委托购买模式（即金融租赁公司委托承租人向供应商支付采购款项）。金融租赁公司也要与承租人签署委托购买协议，租金一次性支付给承租人，承租人在委托购买协议项下与设备供应商签署相关买卖合同，同时约定设备供应商将发票直接开具给金融租赁公司。租赁期结束时，承租人将设备以100元（或1元、10元）进行回购。

直租的主要租赁要素如下：

（1）交易结构：直接租赁。

（2）采购额度：××万元（不超过项目投资总额的80%）。

（3）出租方：金融租赁公司。

（4）租赁方：项目公司。

（5）租赁物：项目公司设备资产。

（6）租赁期限：××个月。

（7）手续费率。

（8）保证金情况。

（9）租赁利率。

（10）还款方式：详见租金支付表。

（11）增信措施：担保，或股权质押，或项目收费权质押等。

（12）资金投放方式：货币资金，或信用证，或银行承兑汇票贴现等。

5.子公司进项税额的稽查

公司在注销环节只要存在进项税额，税务机关会进行稽查，否则不同意留抵税额转出。税务机关常用的稽查方法有：

（1）对进项税额总体水平的稽查。在对进项税额实施稽查之前，首先可以对被查单位的进项税额的总体水平进行测试，稽查纳税人在所属期内发生的进项税额总额，是否大约等于扣除项目金额与适用税率的乘积。如果有差额，则很可能是纳税人将购买货物或应税劳务没有取得专用发票的税额或不合规定不予抵扣的税额一并计入了进项税额中进行抵扣。

（2）对进项税额抵扣合法性的稽查。对专用发票的稽查，包括审查有无未取得法定凭证而进行抵扣的情况，审查有无以错误法定凭证而进行抵扣的情况，审查有无代开、虚开专用发票的情况。还有对非专用发票扣税的稽查，包括对免税农业产品、运输费用及收购废旧物资进项税额的抵扣凭普通发票即可实施，在稽查时应予以注意。

（3）对进项税额抵扣时间的稽查。根据规定：工业企业购进货物入库后，才能申报抵扣进项税额；商业企业购进货物付款后，才能申报抵扣进项税额；购进应税劳务，应在劳务费用支付后申报抵扣进项税额。

（七）进项留抵税额转移

子公司进项留抵税额能不能直接转移至合并方分公司？

对于有重资产投资的企业，一般会存在数额较大的增值税留抵税额。在吸收合并过程中，增值税留抵税额的处理是极为重要的一个环节，是吸收合并能否成功实施的前置条件。

合并分为吸收合并和新设合并，吸收合并是合并的一种方式。合并是国家税务总局公告2011年第13号《国家税务总局关于纳税人资产重组有关增值税问题的公告》（以下简称"13号公告"）规定的资产重组方式之一。除了合并，还有置换、出售、分立等资产重组方式。纳税人实施吸收合并时，如果满足13号公告规定的两项条件，可享受不征增值税的税收优惠政策，第一项条件是资产重组的方式为合并（包括吸收合并），第二项条件是实物资产与债权、债务和劳动力是一并转让的，不能是只转让实物资产、债权、债务、劳动力等四项内容中的一项。第二项条件的税法原理是为了保持资产与收益的一致性，从经济效率上也能保持经营的稳定性和延续性。实务中，出现了多次吸收合并且转让实物资产的问题，为了对此问题进一步明确政策，国家税务总局公告2013年第66号对13号公告作了进一步细化规定，只要纳税人在吸收合并过程中，满足实物资产、债权、债务、劳动力的最终受让方与劳动力接收方是同一单位和个人的，可以享受13号公告规定的转让货物资产不征收增值税的优惠政策。从税收原理分析，即使没有该公告，纳税人也能享受13号公告的优惠政策。

吸收合并过程中，被合并方增值税留抵税额如何处理，实务中有两种操作方式：一是先向税务机关申请退税，将留抵税额处理后再进行吸收合并；二是直接将留抵税额结转至新纳税人处继续抵扣。若合并方同时也是新纳税人，则不存在争议；但若合并方在承继被吸收合并方所有债权、债务和劳动力的同时，将所有债权、债务和劳动力转移给新设分公司，新设分公司是否能接收被合并方的进项留抵税额，实务中存在较大争议。

1.被合并方直接申请增值税留抵退税

2018年以来，我国逐步出台并不断完善增值税留抵退税政策，先后发布了多条税收通知和公告，不断加大增值税留抵退税政策实施力度，简化纳税人申请退税流程，持续加快留抵退税办理进度，对稳定市场预期、提振市场信心、助力企业纾困发展具有重要意义。

吸收合并过程中，被合并方在注销前若能取得增值税留抵退税，不仅可以缓解资金压力，还能免于将进项留抵税额结转至新纳税人，避免出现增值税税负与各纳税主体收入不均衡不匹配的问题。但实务中，除需考虑留抵退税的适用情形外，还需考虑部分退税地存在财政收入薄弱、退税压力大的情况。

另外，根据《财政部 税务总局 海关总署关于深化增值税改革有关政策的公告》（财政部 税务总局 海关总署公告2019年第39号）及财政部税务总局公告2022年第14号、2022年第21号的规定，企业在满足纳税信用等级为A级或者B级，以及满足其他条件情况下，方可办理增值税期末留抵税额退税。实务中新设立企业的纳税信用等级一般为M级，如果当年有收入，第三年上半年纳税信用等级才可能被评为A级或者B级，此时方有可能享受增值税期末留抵税额退税政策。因此，企业在设立后两年内难以享受该税项税收优惠政策。

2. 被合并方进项税额结转至合并方继续抵扣

《国家税务总局关于纳税人资产重组增值税留抵税额处理有关问题的公告》（国家税务总局公告 2012 年第 55 号）对被合并方的增值税进项税额结转至合并方的适用条件和具体程序给予了细化规定。该公告再次明确吸收合并时资产、债权、债务、劳动力等四项内容要一并转移，被合并方需要办理注销登记，满足上述条件时，被合并方的未抵扣增值税进项税额方可结转至合并方。在具体程序方面，被合并方需填写《增值税一般纳税人资产重组进项留抵税额转移单》（以下简称"进项留抵税额转移单"）一式三份，被合并方主管税务机关留存一份，交被合并方一份，传递合并方主管税务机关一份。被合并方主管税务机关对原纳税人尚未抵扣的进项税额，在确认无误后，允许新纳税人继续申报抵扣。

进项留抵税额转移单需载明原纳税人名称、原纳税人营业执照登记号、原纳税人识别号（即统一社会信用代码）、原纳税人一般纳税人资格认定时间、新纳税人名称、新纳税人营业执照登记号、新纳税人识别号（即统一社会信用代码）、新纳税人一般纳税人资格认定时间、原纳税人最后一次增值税纳税申报所属期、批准注销税务登记时间、尚未抵扣的进项留抵税额以及其他需要说明的事项，并需经税务所、货物和劳务税科、局长完成三级审核。

被合并方进项税额结转至合并方继续抵扣，该种方案有具体明确的政策文件支持，实务中在结转环节执行较为顺畅，但在后续经营过程中会产生其他问题。

3. 合并方接收进项留抵税额的后续处理

实务中，母公司可能拥有大量重资产投资的项目公司，为了实现法人压减目的，吸收合并的同时母公司会在被吸收合并方当地新设分公司，除了完成法人压减的目标外，还能将增值税留在当地，取得当地政府对项目备案的支持，降低跨区域增值税税收稽查的风险。《中华人民共和国税收征收管理法实施细则》第十二条规定，从事生产、经营的纳税人应当自领取营业执照之日起 30 日内，向生产、经营地或者纳税义务发生地的主管税务机关申报办理税务登记；《中华人民共和国增值税暂行条例》第二十二条规定，总机构和分支机构不在同一县（市）的，应当分别向各自所在地的主管税务机关申报纳税。因此，根据税收征管属地化原则，如果合并方和被合并方不在同一县（市），被合并方被吸收完毕后应在当地新设分公司，由分公司承继被合并方全部资产、负债和劳动力。

吸收合并同时新设分公司已有一些案例，根据公开信息查询，有 2009 年上市公司上工申贝《关于将全资子公司上海申贝办公机械有限公司吸收合并为分公司的公告》（证券代码：600843，编号：临 2009-013），2019 年上市公司凯盛科技《关于吸收合并全资子公司暨设立华益分公司的公告》（证券代码：600552，公告编号：2019-050），2022 年上市公司山东威达《关于将全资子公司部分资产及负债划转至公司并设立分公司的公告》（证券代码：002026，公告编号：2022-046）。

既然在吸收合并过程中能将被合并方的资产及负债划转至合并方新设分公司，那么进项留抵税额转移至合并方后，后续大致有两种处理方式。

（1）合并方继续抵扣

如果进项留抵税额较小，可以采取合并方继续抵扣的方案。被合并方的资产、债务由合并方承继，合并方同时将被合并方的资产、负债划转移给新设分公司。此种方案存在的问题是，由于进项留抵税额已转移给合并方，合并方不可再进行二次转移至分公司。因此在合并方将被合并方的资产、负债划转给新设分公司时，并未实现将全部或者部分实物资产以及与其相关联的债权、债务和劳动力一并转让。同时因为被合并公司投资固定资产获取的进项留抵税额较大，在实务中会造成增值税税负在吸收合并前后存在较大差异的问题。合并方在完成吸收合并后，持有大量进项留抵税额，在长期内可能由于销项税额较小无法完全消化进项留抵税额。另一方面，合并方在当地新设的分公司因业务的连贯性，持续有项目收入产生增值税销项税额，却无进项税额可抵扣。吸收合并方案势必对总分机构的整体资金收支产生负面影响。因此，进项留抵税额结转至合并方不是终点。

（2）合并方以开具发票的形式将留抵税额转移给分公司

合并方需要将进项留抵税额转移至分公司，开具增值税专用发票是唯一选择。但此操作亦会产生新的问题。实务中，被合并方在吸收合并前进行固定资产投资，取得的进项增值税来源可能较多，有服务类6%进项增值税，工程建设9%进项增值税，以及设备采购13%进项增值税；吸收合并后该部分进项留抵税额统一结转至母公司，母公司为将进项税额转移至分公司，需要向分公司开具13%的增值税专用发票。例如，被吸收合并方投资购建固定资产净值1亿元，可能对应着1000万元进项增值税。合并方在向分公司开具发票时存在两个困境：一是分公司获取了大额进项增值税，可能被分公司当地税务机关认定为取得虚开发票。二是开具发票的金额存在不确定性。如果按固定资产净值1亿元开具发票，则分公司取得的进项增值税为1300万元，大于被合并方原来的进项增值税余额1000万元；如果按7692.31万元开具发票，虽然分公司取得的进项增值税仍是1000万元，但固定资产1亿元将被人为分割成两部分：开票7692.31万元和划转

2307.69 万元。

上述合并方向分公司开具发票的困境说明该方案存在问题，若被合并方将进项留抵税额直接转移至分公司，将能从根本上解决问题。

4. 被合并方进项税额直接转移至分公司继续抵扣

虽然分公司不是吸收合并的主体，但国家税务总局公告 2012 年第 55 号并未限制将被合并方的进项留抵税额转移至分公司。该公告所指的新纳税人并未专指吸收合并中的合并方，如果企业在发布吸收合并公告时明确将全资子公司吸收合并为分公司（上文中的上工申贝案例），或者在发布吸收合并公告时明确吸收合并全资子公司暨设立分公司（上文中的凯盛科技案例），抑或是在发布吸收合并公告时明确将全资子公司部分资产及负债划转至公司并设立分公司（上文中的山东威达案例），从交易的经济实质来看，是子公司在吸收合并注销前，将其全部资产、负债和劳动力一并转让给母公司在子公司所在地设立的分公司，故进项留抵税额直接转移至分公司，其商业目的是压缩管理层级，减少法人户数，并不以减少、免除或者推迟缴纳税款为主要目的，具有合理性，理应得到税务机关的支持。

实务中，增值税留抵税额产生的环节复杂，可能涉及多个进项来源地，而退税地与进项来源地往往不在同一省市，这就导致退税地的税务机关未收到税款反而需要退还大量留抵税额。部分欠发达地区基层市县财政收入紧张，退还大量留抵税额对当地财政会造成较大压力。在吸收合并同时新设分公司的重组实践中，部分税务机关不同意被合并方将进项留抵税额直接结转给母公司在当地设立的分公司，而是认为应当将进项留抵税额全部转移给母公司。母公司所在地税务机关则认为，吸收合并将子公司进项留抵税额全部转移给母公司，会将增值税跨地区转移带来的留抵退税负担不均的问题转嫁给母公司所在地财政；如果将子公司进项留抵税额全部转移给母公司在当地设立的分公司,对当地财政而言,吸收合并前后的留抵退税负担并未发生变化。因此母公司所在地税务机关认可由分公司接收子公司留抵税额的方案。但实务中,《增值税一般纳税人资产重组进项留抵税额转移单》的审批权限在转出方税务机关而非接收方,因此母公司所在地税务机关并无权限干预被合并的子公司所在地税务机关的留抵税额转移方案。

吸收合并过程中,将被合并方的进项留抵税额转移至合并方在项目所在地的分公司,经过实务验证,上海市已有成功操作的案例。

5. 政策建议

在吸收合并同时新设分公司的重组实践中,由于各地税务机关对吸收合并及国家税务总局公告2012年第55号的理解不同,部分税务机关不同意被合并方将进项留抵税额直接结转给母公司在被合并方当地设立的分公司,导致了后续母公司无法合理地将进项留抵税额转移到分公司的困境。建议国家税务总局出台专门文件,明确在吸收合并同时新设分公司的情形中,与被合并子公司处于同一地区的分公司可作为被合并方进项留抵税额转移目的地,既可以避免因增值税跨地区转移带来的留抵退税负担不均导致的二次转移问题,减少各地税务机关对资产重组增值税留抵税额处理的理解偏差,同时也能降低企业在吸收合并留抵税额转移过程中的沟通成本。

(八)市场主体注销

1. 被合并方注销是否需成立清算组

《公司法》(2023)第二百二十九条规定:"公司因下列原因解散:(一)公司章程规定的营业期限届满或者公司章程规定的其他解散事由出现;(二)股东会决议解散;(三)因公司合并或者分立需要解散;(四)依法被吊销营业执照、责令关闭或者被撤销;(五)人民法院依照

第八章 子改分实务中存在的困难和解决路径

本法第二百三十一条的规定予以解散。公司出现前款规定的解散事由，应当在十日内将解散事由通过国家企业信用信息公示系统予以公示。"

《公司法》（2023）第二百三十一条规定："公司经营管理发生严重困难，继续存续会使股东利益受到重大损失，通过其他途径不能解决的，持有公司百分之十以上表决权的股东，可以请求人民法院解散公司。"

《公司法》（2023）第二百三十二条规定："公司因本法第二百二十九条第一款第一项、第二项、第四项、第五项规定而解散的，应当清算。董事为公司清算义务人，应当在解散事由出现之日起十五日内组成清算组进行清算。"可见，《公司法》对于因公司合并或者分立需要解散的，不要求公司成立清算组。

因为吸收合并完成后，合并方仍然存在，被合并方的债权债务应由合并方承继，这样还是不会侵害到债权人的利益。

2. 公示期满前后，公示信息与实际不一致的情况

被合并方需在国家企业信用信息公示系统中填报吸收合并相关信息，系统中需选填的关键信息有"作出合并决议日期，合并后企业信息的企业名称、统一社会信用代码、注册资本"等，其中作出合并决议日期应与内部决议签署日期保持一致。

合并方在公示期间可能因市场主体登记信息变动导致被合并方吸收合并公告的公示信息与实际情况不一致而无法注销的情形，比如合并方在公示期间进行更名、变更地址或增减注册资本等。被合并方在进行市场主体注销登记时，市场主体登记机关一般会核对国家企业信用信息公示系统或报纸上的吸收合并公示信息，若出现公示信息与实际情况不符，市场主体登记机关可能以此为由不认可此前的公告，且要求被合并方重新进行公告。

但部分市场主体登记机关要求重新公告是否合理，或者说合并方的变

更是否会对吸收合并业务产生实质性影响，仍待商榷。因为此要求的实质是限制合并方在吸收合并期间开展部分业务。实务中，也有一些市场主体登记机关认为市场主体信息变更并不影响吸收合并业务，补充变更事项证明材料并作说明即可继续注销。

从理论上分析，吸收合并公告是实施债权人保护程序的一部分，吸收合并完成后，合并方承继全部债务，承担对债权人的偿债义务。诸如合并方变更公司名称、地址不产生实质性影响，市场主体登记机关不应要求重新公告。合并方注册资本前后不一致分两种情况：公告期满后注册资本大于公示信息中数额的情况下，合并方需对外承担更多的偿债义务，对债权人有利，市场主体登记机关也不应要求重新公告；反之，若合并方减少注册资本且小于公示信息中数额时，将对债权人不利，此时市场主体登记机关可以要求重新公告。

3. 被合并方注销前需解除股权质押及市场主体登记异常

被合并方为发展业务通常有融资行为，可能以股权出质方式为融资提供担保。虽然股权出质并不影响吸收合并，但在被合并方注销登记前，应在市场监督管理部门解除股权质押登记，避免影响注销进度。

注销登记前，被合并方也不能处于市场主体登记异常状态，企业应随时关注市场主体登记状态。根据《企业经营异常名录管理暂行办法》，四种异常情形：一是未按照《企业信息公示暂行条例》第八条规定的期限公示年度报告，即企业未在每年1月1日至6月30日通过国家企业信用信息公示系统向市场监督管理部门报送上一年度年度报告；二是未按照该条例第十条规定在责令期限内公示有关企业信息，即企业未在信息形成之日起20个工作日内，也未在市场监督管理部门责令的期限内通过公示系统向社会公示其应当公示的即时信息；三是公示企业信息隐瞒真实情况、弄虚作假；四是通过登记的住所或者经营场所无法联系。其中第一种、第四种异常情形较为常见。

前三种异常情形在补报或更正后，向市场监督管理部门申请移除异常名录即可。若因无法联系被列入异常的，需到线下办理，根据情况可能需要办理地址变更，通过市场监督管理部门审核移除异常后，再办理注销登记。

4. 被合并方注销前不能有未决诉讼

被合并方若有未判决的诉讼时，会给市场主体注销带来较大困难。虽然目前法律并未明文规定有未决诉讼的公司不得注销，但需要结合实践进一步区分注销的原因，对于解散注销，原则上不能办理注销登记，需要等诉讼结案通过后，才能申请注销登记，因为缺失了诉讼主体的诉讼必然无法继续下去。

对于因吸收合并注销被合并方，除了《公司法》对吸收合并的权利和义务进行了规定，《民法典》第六十七条也作了类似的规定："法人合并的，其权利和义务由合并后的法人享有和承担。"因此，在吸收合并中，被合并方注销并不影响诉讼相对人的利益，合并方作为存续的市场主体可以承继未决诉讼。尽管如此，吸收合并公告期间，诉讼相对人为了自身权益，会关注合并方和被合并方的经济实力，如果合并方并不比被合并方更有实力，诉讼相对人作为债权人，可能会对吸收合并提出异议，导致吸收合并无法正常完成。因此，吸收合并开始前解决完所有诉讼对注销是非常有利的。

5. 市场主体注销登记材料需符合登记机关要求

注销登记前，公司可能已完成注销所需的登报、吸收合并各方股东会决议、合并协议、债务清偿或债务担保情况的说明等，但拿相关材料到登记机关进行注销登记时，可能因不符合法定要求、形式甚至格式不对而被驳回。

每项注销材料都需具备其对应的法定要素，比如合并协议必须具备合并协议各方的名称，合并形式，合并后公司的名称，合并后公司的注册资本，合并协议各方债权、债务的承继方案，解散公司分公司、持有其他公司股权的处置情况，签约日期、地点以及合并协议各方认为需要规定的其他事项。一般情况下，登记机关应核查材料法定要素是否齐全，是否符合法定形式。但在实务中，大部分登记机关为图审核方便，让企业严格按照他们规定的格式模板填写，所以企业应在注销登记前与登记机关充分沟通。

（九）会计报表难点问题

1.总公司年度报表的编制

如果吸收合并日不是年初和年末，假设吸收合并日为10月31日，总公司出具当年的年度会计报表时，如何编制资产负债表、利润表、现金流量表，如何反映1—10月子公司和11—12月分公司的经营成果和现金流量？

财务部印发的《企业会计准则解释第7号》（财会〔2015〕19号）第四问答对子公司资产、负债转入母公司作了规定，原母公司对该原子公司长期股权投资的账面价值与将原子公司的各项资产、负债等转入原母公司后形成的差额，应调整资本公积；资本公积不足冲减的，调整留存收益。同时还对子公司所有者权益转入母公司也作了规定，原为非同一控制下企业合并取得的子公司改为分公司的，应将购买日至改为分公司日原子公司实现的净损益，转入原母公司留存收益；原为同一控制下企业合并取得的子公司改为分公司的，应将合并日至改为分公司日原子公司实现的净损益，转入原母公司留存收益。

根据上述规定，总公司在编制 12 月 31 日的报表时，1—10 月子公司的经营成果已体现在未分配利润中，吸收合并日已转移至母公司的未分配利润，即总公司（10 月 31 日及之前叫母公司，之后叫总公司）已在 12 月 31 日的资产负债表中反映了子公司 1—10 月经营成果，如果还在利润表中反映 1—10 月子公司的收入、成本和利润数据，则会造成 1—10 月子公司的经营成果重复入账。

因此，总公司 12 月 31 日的利润表应反映本部 1—12 月的经营成果和分公司 11—12 月的经营成果。相应地，总公司 12 月 31 日的现金流量表应反映本部 1—12 月的现金流量和分公司 11—12 月的现金流量。总公司出具的利润表可作为税务申报的依据，但产生另外一个问题：由于总公司只反映了 1—10 月子公司经营成果和现金流量的结果，并未反映经营和产生现金流量的过程，这些过程只反映在 10 月 31 日总公司合并会计报表中，并未反映在母公司本部报表中，导致总公司 12 月 31 日出具的母公司利润表中的收入、成本少于真实数。从这个角度来看，不同时点进行吸收合并，会导致基于母子公司关系出具的合并利润表、现金流量表与基于总分关系出具的利润表、现金流量表存在较大差异。

为了解决上述问题，实务中总公司通常在审计报告中出具两套报表，首先出具一套合并口径的会计报表，合并主体为母公司本部，加上 1—10 月的子公司和 11—12 月的分公司，同时，出具一套母公司口径的会计报表，主体包括母公司本部及 11—12 月的分公司。

2. 年度会计报表编制案例

B 公司为 A 公司的全资子公司，现 A 公司吸收合并 B 公司，并新设分公司 C。假设吸收合并日为 10 月 31 日，10 月 31 日 A 公司、B 公司及分公司 C 各项目数据如表 8-2 所示（单位：万元）。

表 8-2 吸收合并日的母公司、子公司、分公司数据

项目	A 公司	B 公司	分公司 C
货币资金	1000	500	0
其他应收款	0	0	0
长期股权投资	1500	0	0
固定资产	7500	6500	0
应付账款	1000	1000	0
其他应付款	0	0	0
短期借款	5000	4000	0
实收资本	2000	1500	0
资本公积	500	100	0
盈余公积	100	50	0
未分配利润	1400	350	0
营业收入（1—10 月）	2000	1500	0
营业成本（1—10 月）	1500	1200	0
所得税（1—10 月）	125	75	0
净利润（1—10 月）	375	225	0

吸收合并及子改分完成后 11 月 1 日，A 公司、B 公司及分公司 C 各项目数据如表 8-3 所示（单位：万元）。

表 8-3 吸收合并及子改分完成后的母公司、子公司、分公司数据

项目	A 公司	B 公司（已注销）	分公司 C
货币资金	1000	—	500
其他应收款	2000	—	0
长期股权投资	0		0
固定资产	7500	—	6500
应付账款	1000		1000
其他应付款	0	—	2000
短期借款	5000		4000
实收资本	2000		—
资本公积	600		—
盈余公积	150	—	—
未分配利润	1750	—	0

第八章 子改分实务中存在的困难和解决路径

续表

项目	A 公司	B 公司（已注销）	分公司 C
营业收入（1—10 月）	2000	—	0
营业成本（1—10 月）	1500	—	0
所得税（1—10 月）	125	—	0
净利润（1—10 月）	375	—	0

假设 11 月 1 日—12 月 31 日 A 公司及分公司 C 各项目数据如表 8-4 所示（单位：万元），注意 B 公司已注销。

表 8-4 吸收合并日至年末的总公司、分公司数据

项目	A 公司（1—12 月）	B 公司（已注销）	分公司 C（11—12 月）
货币资金	1750	—	745
其他应收款	2000	—	0
长期股权投资	0	—	0
固定资产	7400	—	6300
应付账款	1200	—	1000
其他应付款	0	—	2000
短期借款	5000	—	4000
实收资本	2000	—	—
资本公积	600	—	—
盈余公积	150	—	—
未分配利润	2200	—	45
营业收入	2400	—	300
营业成本	1800	—	240
所得税	150	—	15
净利润	450	—	45

A 公司在编制年度会计报表时，首先编制母公司报表，将 A 公司本部报表与分公司 C 报表相加，抵销其他应收款与其他应付款。然后再编制合并会计报表，由于 B 公司已在 11 月 1 日注销，故只需将 B 公司 10 月 31

日的报表数据纳入合并范围。12月31日A公司合并报表与母公司报表数据如表8-5所示（单位：万元）。

表8-5　年末A公司合并报表及母公司报表数据

项目	A公司合并报表	母公司报表
货币资金	2495	2495
其他应收款	—	0
长期股权投资	0	0
固定资产	13700	13700
应付账款	2200	2200
其他应付款	—	0
短期借款	9000	9000
实收资本	2000	2000
资本公积	600	600
盈余公积	150	150
未分配利润	2245	2245
营业收入	4700	2700
营业成本	3540	2040
所得税	290	165
净利润	870	495

通过比较A公司合并报表与母公司报表可以看出，资产负债表是完全相同的，只是利润表存在差异。同理，现金流量表也会存在差异，本书不再举例。

（十）分公司税务核算

1.分公司是否独立核算

分公司在注册时会让纳税人作出选择，是独立核算还是非独立核算。分公司采用独立核算还是非独立核算，取决于公司的具体情况和需求，两种核算模式各有优缺点。

独立核算，适用于分公司经营相对独立，需要单独反映经营情况的情况。这种模式可以使分公司具有独立的组织形式，自行在银行开户，独立进行经营活动，并单独计算盈亏。独立核算有助于真实反映财务报表，便于企业更好地控制财务风险。一般而言，有经营收入的分公司更适用于独立核算。

非独立核算，适用于分公司与总公司经营状况相互关联，需要共同核算的情况。在这种模式下，分公司不单独计算盈亏，而是将收入和支出向上级单位报销，进行简易核算。非独立核算可以减少财务管理的复杂性和成本，提高财务效率。一般而言，无经营收入的分公司更适用于非独立核算。

2. 分公司如何汇总纳税

公司选择分公司独立核算模式后，如果吸收合并重组日为 10 月 31 日，当年总分机构和第二年总分机构如何核算企业所得税？目前主要的税务文件为《财政部 国家税务总局 中国人民银行关于印发〈跨省市总分机构企业所得税分配及预算管理办法〉的通知》（财预〔2012〕40 号），《关于〈跨省市总分机构企业所得税分配及预算管理办法〉的补充通知》（财预〔2012〕453 号），《关于印发〈跨地区经营汇总纳税企业所得税征收管理办法〉的公告》（国家税务总局公告 2012 年第 57 号，以下简称"57 号公告"）。

57 号公告第五条规定："以下二级分支机构不就地分摊缴纳企业所得税：……（三）新设立的二级分支机构，设立当年不就地分摊缴纳企业所得税。"即当年新设的分公司在吸收合并重组后的 11—12 月，不需分摊缴纳企业所得税，分支机构独立在当地缴纳企业所得税。分支机构需从第二年开始汇总纳税。

57 号公告第十三条规定："总机构按以下公式计算分摊税款：

总机构分摊税款 = 汇总纳税企业当期应纳所得税额 × 50%"

57号公告第十四条规定:"分支机构按以下公式计算分摊税款:

所有分支机构分摊税款总额=汇总纳税企业当期应纳所得税额×50%

某分支机构分摊税款=所有分支机构分摊税款总额×该分支机构分摊比例"

同时57号公告第十五条规定:"总机构应按照上年度分支机构的营业收入、职工薪酬和资产总额三个因素计算各分支机构分摊所得税款的比例;三级及以下分支机构,其营业收入、职工薪酬和资产总额统一计入二级分支机构;三因素的权重依次为0.35、0.35、0.30。

计算公式如下:

某分支机构分摊比例=(该分支机构营业收入/各分支机构营业收入之和)×0.35+(该分支机构职工薪酬/各分支机构职工薪酬之和)×0.35+(该分支机构资产总额/各分支机构资产总额之和)×0.30"

案例:假设总公司下设A、B、C三个分公司,全部应纳所得税额为500万元,总机构分摊税款=汇总纳税企业当期应纳所得税额×50%=500×50%=250(万元),所有分支机构分摊税款总额=汇总纳税企业当期应纳所得税额×50%=500×50%=250(万元),分支机构分摊250万元的计算过程见表8-6。

表8-6 分公司分摊企业所得税计算表

分公司	上年营业收入	占比	权重	上年职工薪酬	占比	权重	上年资产总额	占比	权重	分摊比例	所得税
A	1000	20%	35%	100	20%	35%	5000	20%	30%	20%	50
B	2000	40%	35%	150	30%	35%	9000	36%	30%	35.3%	88.25
C	2000	40%	35%	250	50%	35%	11000	44%	30%	44.7%	111.75
合计	5000	100%	—	500	100%	—	25000	100%	—	100%	250

第八章 子改分实务中存在的困难和解决路径

A分公司分摊比例=（该分支机构营业收入1000／各分支机构营业收入之和5000）×0.35+（该分支机构职工薪酬100／各分支机构职工薪酬之和500）×0.35+（该分支机构资产总额5000／各分支机构资产总额之和25000）×0.30=20%。A分公司应在当地缴纳所得税=250×20%=50（万元）。

B分公司分摊比例=（该分支机构营业收入2000／各分支机构营业收入之和5000）×0.35+（该分支机构职工薪酬150／各分支机构职工薪酬之和500）×0.35+（该分支机构资产总额9000／各分支机构资产总额之和25000）×0.30=35.3%。B分公司应在当地缴纳所得税=250×35.3%=88.25（万元）。

C分公司分摊比例=（该分支机构营业收入2000／各分支机构营业收入之和5000）×0.35+（该分支机构职工薪酬250／各分支机构职工薪酬之和500）×0.35+（该分支机构资产总额11000／各分支机构资产总额之和25000）×0.30=44.7%。C分公司应在当地缴纳所得税=250×44.7%=111.75（万元）。

3.不同税率的总分机构分摊计算

57号公告第十八条规定："对于按照税收法律、法规和其他规定，总机构和分支机构处于不同税率地区的，先由总机构统一计算全部应纳税所得额，然后按本办法第六条规定的比例和按第十五条计算的分摊比例，计算划分不同税率地区机构的应纳税所得额，再分别按各自的适用税率计算应纳税额后加总计算出汇总纳税企业的应纳所得税总额，最后按本办法第六条规定的比例和按第十五条计算的分摊比例，向总机构和分支机构分摊就地缴纳的企业所得税款。"

57号公告第六条规定："汇总纳税企业按照《企业所得税法》规定汇

总计算的企业所得税，包括预缴税款和汇算清缴应缴应退税款，50%在各分支机构间分摊，各分支机构根据分摊税款就地办理缴库或退库；50%由总机构分摊缴纳，其中25%就地办理缴库或退库，25%就地全额缴入中央国库或退库。具体的税款缴库或退库程序按照财预〔2012〕40号文件第五条等相关规定执行。"

根据上述规定可细化为五步：

（1）先由总机构统一计算全部应纳税所得额；

（2）计算划分不同税率地区分支机构的应纳税所得额（按三因素分摊）；

（3）按分支机构各自适用税率计算应纳税额；

（4）总机构加总计算全部应纳税额；

（5）总机构和分支机构再按分摊比例就地缴纳企业所得税款（按三因素分摊）。

案例：总公司甲位于上海市，分别在青海省设有分公司A，在江苏省设有分公司B，在浙江省设有分公司C，适用总分机构汇总纳税政策。2024年总公司甲和分公司B、C的企业所得税税率为25%，分公司A适用西部大开发15%的税率优惠政策。2023年度分公司A占三个分公司营业收入、职工薪酬、资产总额的比例分别为：20%、20%、20%，分公司B占三个分公司营业收入、职工薪酬、资产总额的比例分别为：40%、30%、36%，分公司C占三个分公司营业收入、职工薪酬、资产总额的比例分别为：40%、50%、44%。假设2024年总公司应纳税所得额为2000万元，计算分公司A、B、C应分摊的企业所得税款。

第一步，计算全部所得2000万元。

第二步，第一次分摊，分摊应纳税所得额：

（1）各分公司分摊 50%，即应纳税所得额 =2000×50%=1000（万元）

（2）分公司 A 分摊比例 =20%×0.35+20%×0.35+20%×0.30=20%

（3）分公司 A 分摊所得额 =1000×20%=200（万元）

（4）分公司 B 分摊比例 =40%×0.35+30%×0.35+36%×0.30=35.3%

（5）分公司 B 分摊所得额 =1000×35.3%=353（万元）

（6）分公司 C 分摊比例 =40%×0.35+50%×0.35+44%×0.30=44.7%

（7）分公司 C 分摊所得额 =1000×44.7%=447（万元）

计算表如表 8-7 所示。

表 8-7　分公司分摊所得额计算表

分公司	上年营业收入	占比	权重	上年职工薪酬	占比	权重	上年资产总额	占比	权重	分摊比例	所得额
A	1000	20%	35%	100	20%	35%	5000	20%	30%	20%	200
B	2000	40%	35%	150	30%	35%	9000	36%	30%	35.3%	353
C	2000	40%	35%	250	50%	35%	11000	44%	30%	44.7%	447
合计	5000	100%	—	500	100%	—	25000	100%	—	100%	1000

第三步，计算各自应纳所得税额：

总公司甲计算应纳所得税额 =1000×25%=250（万元）

分公司 A 计算应纳所得税额 =200×15%=30（万元）

分公司 B 计算应纳所得税额 =353×25%=88.25（万元）

分公司 C 计算应纳所得税额 =447×25%=111.75（万元）

第四步，计算总税额：250+30+88.25+111.75=480（万元）

计算过程见表 8-8。

表 8-8 总、分机构单独计算所得税表

公司	所得额	所得税税率	应纳所得税额
总公司甲	1000	25%	250
分公司 A	200	15%	30
分公司 B	353	25%	88.25
分公司 C	447	25%	111.75
合计	2000	—	480

第五步，第二次分摊，分摊应纳企业所得税：

（1）各分公司分摊 50% 的应纳企业所得税 =480×50%=240（万元）

（2）分公司 A 分摊应纳企业所得税 =240×20%=48（万元）

（3）分公司 B 分摊应纳企业所得税 =240×35.3%=84.72（万元）

（4）分公司 C 分摊应纳企业所得税 =240×44.7%=107.28（万元）

计算过程见表 8-9。

表 8-9 分公司分摊企业所得税计算表

分公司	上年营业收入	占比	权重	上年职工薪酬	占比	权重	上年资产总额	占比	权重	分摊比例	所得税
A	1000	20%	35%	100	20%	35%	5000	20%	30%	20%	48
B	2000	40%	35%	150	30%	35%	9000	36%	30%	35.3%	84.72
C	2000	40%	35%	250	50%	35%	11000	44%	30%	44.7%	107.28
合计	5000	100%	—	500	100%	—	25000	100%	—	100%	240

4. 总公司与分公司是否可以同时享受税收优惠政策

假设总公司为高新技术企业，享受税率 15% 的优惠政策，子公司从事光伏发电属于国家重点扶持的公共基础设施项目，享受企业所得税"三免三减半"优惠政策，子改分后，分公司是否还可以同时享受总公司的高新技术企业的企业所得税优惠政策呢？

《企业所得税法》第二十七条规定："企业的下列所得，可以免征、减征企业所得税：（一）从事农、林、牧、渔业项目的所得；（二）从事国家重点扶持的公共基础设施项目投资经营的所得；（三）从事符合条件的环境保护、节能节水项目的所得；（四）符合条件的技术转让所得……"《企业所得税法实施条例》第八十七条规定："企业所得税法第二十七条第（二）项所称国家重点扶持的公共基础设施项目，是指《公共基础设施项目企业所得税优惠目录》规定的港口码头、机场、铁路、公路、城市公共交通、电力、水利等项目。企业从事前款规定的国家重点扶持的公共基础设施项目的投资经营的所得，自项目取得第一笔生产经营收入所属纳税年度起，第一年至第三年免征企业所得税，第四年至第六年减半征收企业所得税。企业承包经营、承包建设和内部自建自用本条规定的项目，不得享受本条规定的企业所得税优惠。"同时，根据从事国家重点扶持的公共基础设施项目投资经营的所得定期减免企业所得税。依据《财政部、国家税务总局关于执行公共基础设施项目企业所得税优惠目录有关问题的通知》（财税〔2008〕46号），企业从事《公共基础设施项目企业所得税优惠目录》内符合相关条件和技术标准及国家投资管理相关规定，于2008年1月1日后经批准的公共基础设施项目，其投资经营的所得，自该项目取得第一笔生产经营收入所属纳税年度起，第一年至第三年免征企业所得税，第四年至第六年减半征收企业所得税。光伏发电项目属于太阳能发电新建项目，在该目录里，享受企业所得税"三免三减半"优惠政策。

《国家税务总局关于进一步明确企业所得税过渡期优惠政策执行口径问题的通知》（国税函〔2010〕157号）第一条第一款规定："居民企业被认定为高新技术企业，同时又处于《国务院关于实施企业所得税过渡优惠政策的通知》（国发〔2007〕39号）第一条第三款规定享受企业所得税'两免三减半''五免五减半'等定期减免税优惠过渡期的，该居民企业的所得税适用税率可以选择依照过渡期适用税率并适用减半征税至期满，或者选择适用高新技术企业的15%税率，但不能享受15%税率的减半征税。"[1]

国发〔2007〕39号第一条第三款具体是指，自2008年1月1日起，原享受企业所得税"两免三减半""五免五减半"等定期减免税优惠的企业，新税法施行后继续按原税收法律、行政法规及相关文件规定的优惠办法及年限享受至期满为止，但因未获利而尚未享受税收优惠的，其优惠期限从2008年度起计算。

因此，根据上述规定，子公司若从事光伏行业，改为分公司后，分公司可以选择依照过渡期适用税率并适用减半征税至期满，或者选择适用高新技术企业的15%税率，但不能享受15%税率的减半征税。

5. 分公司无职工薪酬的解决方案

按照分支机构的营业收入、职工薪酬和资产总额三个因素计算各分支机构分摊所得税款的比例时，纳税申报表中不允许三个因素的加总数为0，实务中，不可能出现所有分支机构加总的资产总额或营业收入为0，但存在加总的职工薪酬为0，因为分公司在公司架构中可能只是经营实体但不是管理实体，分公司无签署劳动合同的人员，故分公司加总的职工薪酬可能为0，此时为了不影响税务计算，可灵活处理，将加总的职工薪酬修改为0.01，对计算的结果几乎没有影响。

（十一）子改分过渡期的发票开具衔接问题

子改分过渡期内，由于经营并未停止，子公司和分公司不可避免地都会发生经济业务，其中发票开具和收款如何衔接需要重点关注，涉及税务局和客户两方面的问题。

---

[1] 本款仍然生效，《国家税务总局关于公布全文和部分条款失效废止的税务规范性文件目录的公告》（国家税务总局公告2023年第8号）公布国税函〔2010〕157号的第一条第四款、第二条废止。

1. 与客户衔接发票开具和收款

若吸收合并日定为10月31日,则从11月1日起发票开具单位应为分公司,客户回款至分公司,该问题毫无争议。但10月15日开具的9月电费发票,通常由于账期和客户内部流程因素,可能不能在10月完成收款,有可能在11月回款。

假设各项业务的时间点为:

10月15日,子公司向客户开具9月电费发票。

10月31日,吸收合并重组日。

11月25日,子公司完成市场主体注销。

情形1:11月20日,客户拟回款至子公司银行账户。

有两种处理方案:(1)不修改吸收合并重组日的子公司账面数,作为期后事项,将11月20日子公司收到的银行存款汇至分公司,不会实质性影响到子公司后续税务注销。(2)如果担心影响子公司注销时间,希望客户回款到分公司,但部分内控流程严格的客户不认可分公司承继子公司债务的逻辑,严格要求发票流和资金流一致,这种情况下为了迅速收款,需要配合客户先由子公司在11月冲销10月15日开具的9月电费发票,再由分公司重新开具9月电费发票。

情形2:11月30日,客户拟回款至子公司银行账户,但由于子公司已经完成市场主体注销,客户无法正常汇款。此种情形只有一种处理方案:与客户沟通,基于分公司承继子公司债务,商请客户将9月电费直接电汇至分公司。如果客户规模较大,通常内部有严格的供应商变更流程,需要较长时间(1—3月)先完成客户变更,然后才能进行回款。

为了做好与客户衔接发票开具和收款业务,建议提前三个月与客户的财务部门做好沟通解释,确定吸收合并重组日后立即再进行沟通,双方确认发票开具时间和收款细节安排，确保不出现返工和延迟收款。

2. 与税务局沟通发票开具衔接问题

基于智慧综合能源行业的特点，客户当月的用能数量可在下月1日确定，用能价格一般要到下月10日左右方能确定，因此，每月10日左右方能核算上月准确的收入数据并开具发票。根据收入与成本配比原则，若在开票时点确认上月的收入，会造成收入与折旧成本不配比。实务中，为了准确反映毛利率，根据权责发生制原则，通常在月末暂估当月的电费收入，下月10日左右再冲销暂估收入同时开具发票。此种操作方式比较常见，税务机关不持异议，只是客观上会增加财务人员的账务核算和税务未开票申报的工作量。该种核算模式在日常经营过程中比较常见，通常不需要给予额外关注，但在子改分过程中是一个比较重要的问题，需要引起高度重视，操作不当会影响子公司税务注销进度，甚至在子公司注销后留下后遗症，并持续较长时间。

以分布式光伏行业为例，我国处于北半球，光伏行业的一大特点是电费收入受日照辐射影响较大，一年中日照时间并不均衡，从年初开始，日照辐射逐渐增强，然后再逐渐减弱，相应地，每月光伏发电收入也是不均衡的。会计处理时，10月末暂估10月电费收入，11月10日需要先冲销10月末暂估的电费收入，再开具10月销售发票，然后在11月末暂估当月的电费收入。通常而言，10月的日照辐射强度大于11月，相应地，10月确认的电费收入会大于11月，这时候就会出现11月申报销售收入为负的情况。

假设各项业务的时间节点为：

10月31日，吸收合并重组日。

10月31日，子公司暂估10月电费收入100万元。

11月10日，分公司冲销10月电费暂估收入100万元，开具10月电费发票100万元。

11月30日，分公司暂估11月电费收入90万元，则分公司11月电费收入为–10万元（暂估收入90万元–冲销10月电费收入100万元）。

当分公司10月当月的税务申报增值税应税收入为负数时，税务局内部的金税三期系统会自动跳出风险提示，暂停开具发票，系统显示："当前存在增值税、消费税申报比对不符或逾期未申报的记录，已暂停赋额且不可开具增值税发票。"从税务角度看，不允许纳税人申报负数增值税应税收入，需要提供一系列说明，并经税务局专管员核实情况后方可同意解锁。

针对上述税务系统出现的比对异常问题，各地税务局意见并不相同。目前，上海区域的税务局认为这是正常现象，理论依据是分公司承继子公司债务，虽然分公司当月应税收入为负数，但从子公司、分公司一体的角度看是合理的。但湖北区域的税务局认为，新设的分公司第一个月不允许出现负的应税收入，第二个月是可以的。其后遗症是每个月税务系统均会自动跳出风险提示，税务局需每个月手工解锁开票系统。

为了解决发票开具衔接问题，避免后期每个月协调税务局手工解锁开票系统，有以下两种方案可供选择：

（1）最优解决方案是当月在子公司账上不暂估收入，由分公司在第一个月直接开具发票，这样的结果是子公司少核算了一个月收入，分公司第一个月确认了两个月收入，虽然不符合收入与成本配比原则，但能减少税务风险预警，且从整体上没有少缴税收，还能为子公司注销节省时间。

（2）如果分公司第一个月的计税收入为负已经是既成事实，且负数金额不大，可考虑在每个月月中先开具发票，再申报上月税收，避免触发税务风险提示影响正常开票。

#　第九章　子改分重要经验总结

（一）组建专项工作组

子改分是一项系统工程，涉及的内部机构和外部机构较多，相当于新设一家公司并建成、投运一个项目。外部机构主要涉及税务局、市场主体登记部门、发改部门、社保部门、电网公司。内部机构涉及合并方、被合并方，以及若干上级股东乃至集团公司。在合并方公司内部，几乎涉及所有的职能部门，如财务、工程建设、生产运维、经营管理、人力资源、行政、投资等相关部门。

面对如此复杂艰巨的任务，成立专项工作组非常必要。工作组负责人最好是公司负责人，至少应该是精通财税的副总经理和财务总监，负责全面统筹子改分各项工作，除了具备调动公司资源、把控时间节点、通晓重点堵点的能力外，还应具备出色的外部公关能力，能够在遇到困难时亲自出场，解决重大疑难问题。

工作组主要成员应该是各部门的部门负责人，工作组其他成员应该是各部门的核心专业骨干。其中：财务负责人要负责银行账户开立和注销、税务登记和注销、分公司和子公司融资置换、会计核算衔接等工作；工程建设部门负责人应负责各分公司项目备案、购售电合同签订等工作；生产运维负责人应负责各项目与业主的协调工作，以及EMC合同签订等工作；经营管理负责人应负责子改分工作相关的咨询、审计、评估、法律服务等方面招采工作；人力资源负责人应负责子公司社保注销及分公司社保登记工作；行政负责人应负责车辆过户等工作；投资负责人应负责分公司市场主体登记设立、子公司市场主体注销等工作。

（二）倒排时间计划表

为了统筹规划子改分工作，需要倒排时间计划表，有必要编制甘特图，直观显示项目进度和时间节点的情况，列出各项工作的开始点和结束点。在编制甘特图前，需要熟悉了解各项具体工作的关键性时间安排，需要了解各项具体工作的堵点卡点，需要了解各项具体工作的先后顺序和衔接问题。

主要业务流程的时间要求和前置业务流程见表9-1。

表9-1 主要业务流程的时间要求和前置业务流程

序号	业务流程名称	时间段	前置业务流程	制度依据
1	合并决议	—	完成内部决策	—
2	通知债权人	10日内	公司作出合并决议	《公司法》（2023）第二百二十条
3	在报纸上或者国家企业信用信息公示系统公告	30日内	公司作出合并决议	《公司法》（2023）第二百二十条
4	债权人可以要求公司清偿债务或者提供相应的担保	30日内	债权人接到通知	《公司法》（2023）第二百二十条
5	债权人可以要求公司清偿债务或者提供相应的担保	45日内	债权人未接到通知的，公告	《公司法》（2023）第二百二十条
6	分公司银行开户	—	分公司市场主体登记	—
7	分公司税务登记	30日	分公司领取营业执照	《税务登记管理办法》第八条

续表

序号	业务流程名称	时间段	前置业务流程	制度依据
8	子公司税务注销	—	子公司评估备案完成	—
9	子公司市场主体注销	—	子公司税务注销	—
10	子公司银行账户注销	—	子公司税务注销	—
11	因产权转让导致转让标的企业的实际控制权发生转移的，通过产权市场公开进行信息预披露	转让方在10个工作日内披露，不少于20个工作日	转让行为获批	《企业国有资产交易监督管理办法》（国务院国有资产监督管理委员会 中华人民共和国财政部令第32号）第十三条
12	产权转让，通过产权市场公开进行信息正式披露	不少于20个工作日	—	《企业国有资产交易监督管理办法》第十三条
13	重新履行审计、资产评估以及信息披露等产权转让工作程序	超过12个月	转让项目自首次正式披露信息之日起，未征集到合格受让方	《企业国有资产交易监督管理办法》第十九条
14	企业增资通过产权交易机构网站对外披露信息公开征集投资方	不得少于40个工作日	—	《企业国有资产交易监督管理办法》第三十九条

备注：子改分不涉及11—14项，若子改分过程中涉及增资、产权转让则需要关注上述时间节点和先后顺序。

（三）先行设立分公司

先行设立分公司可以为子改分争取更多的时间，防止后续税务注销环节占用较多时间，影响子改分整体进度。设立分公司的时间节点不得早于总公司内部决策日期，不得晚于发布吸收合并公告日期。分公司设立后立即进行银行账户开户，办理税务登记。

（四）聘请外部专业机构提供支持

外部专业机构包括会计师事务所、资产评估公司、税务师事务所、律师事务所，公司与专业机构之间的关系是以公司为主，以专业机构为辅。

各个专业机构在子改分工作中提供的服务主要有：

1. 会计师事务所

（1）对被合并方进行审计，出具审计报告，为公司内部决策提供依据。

（2）吸收合并完成后，审核合并方编制的年度合并会计报表和母公司会计报表，出具合并方年度审计报告。

（3）对子改分过程产生的会计问题给予解答。

2. 资产评估公司

（1）根据公司要求对一定基准日的被合并方进行评估，出具评估报告，为公司内部决策提供依据。

（2）根据《国家税务总局关于企业重组业务企业所得税征收管理若干问题的公告》（国家税务总局公告2015年第48号）规定，向税务机关提供评估报告，为《企业重组所得税特殊性税务处理统计表》提供数据支持，计算"重组按一般性税务处理应确认的应纳税所得额""重组按特殊性税务处理确认的应纳税所得额""重组按特殊性税务处理递延确认的应纳税所得额"三项数值。

3. 税务师事务所

（1）对吸收合并涉及的增值税、企业所得税、契税、土地增值税（若有）、印花税相关政策提供咨询服务。

（2）对《资产重组协议》的文本进行复核。

（3）对重组日的选择提供咨询建议。

（4）对税务注销过程中的疑难问题进行解答。

4. 律师事务所

（1）对吸收合并的内部决策给出合规意见书。

（2）复核吸收合并公告。

（3）复核债权人通知书。

（4）复核债务人通知书。

（5）复核资产重组协议。

（6）复核EMC合同补充协议。

（五）现场当面沟通

企业与外部政府机构、合作伙伴的沟通效率直接影响子改分工作的进度。沟通方式分为多种，包括但不限于邮件沟通、电话沟通、微信沟通，但效率最高的是现场当面沟通。现场当面沟通不仅能提高子改分工作的效率，还能取得对方对子改分工作的理解和支持。

1. 与行政审批部门沟通项目备案变更

由于各区域在项目备案制度执行层面存在差异，需要就争议部分积极进行现场沟通，通常现场沟通主要围绕两个问题进行：一是分公司能不能成为备案主体，二是已完工项目如何进行备案变更。现场沟通时最好能将其他项目的备案变更材料进行佐证，以便解除行政审批人员对该类非常规事项的担心。

2. 与税务机关沟通税务注销

实践证明，子改分过程中最耗时耗力的环节是税务注销环节，税务机关提出的每项风险预警和风险应对都需要提供书面说明文件，辅以现场沟通效果最佳。被合并方的会计、税务核算人员是最合适的沟通人选，因为他们最了解业务细节，最了解每张发票后面的来龙去脉，他们应与专管员紧密对接；财务经理（或财务主管）应与增值税科（或叫货物与劳务科）、企业所得税科（或叫税政科、税收管理科）沟通税收政策；财务总监需与税务所所长沟通税务注销整体进度。三个层面的有效沟通可大大提高工作效率。总之，被合并方的财会人员应作为子改分工作的主力军，专业机构只是提供辅助作用，能够在一定程度上借鉴专业机构在其他公司的成熟经验，但每个公司、每项业务均有不同，切不可将税务注销工作全部委托给专业机构，否则公司不能适时跟踪税务注销进度，不能真正解决堵点卡点。

一旦税务系统中出现风险提示信息、征管风险预警、风险应对任务监控等自动提示事项，注销工作只能宣告暂停，除了提供书面解释材料外，需要各层级财务人员去税务机关现场沟通，解除税务机关人员的疑虑，最终通过税务机关内部流程结束自动提示事项。

3. 与市场监督管理部门沟通市场主体注销

市场主体注销的前置程序是完成税务注销，但若等到税务注销后再与市场监督管理部门沟通注销文件将会花费较多时间，实务中，提交给市场监督管理部门的一套企业注销文件中，容易被要求修改的文件有三个，分别是公告、吸收合并协议、股东会决议。公告的内容一旦存在瑕疵，将存在颠覆性风险，会直接导致需要重新公告，之前的公告期45天将要清零从头算起，故需要就公告的内容提前与市场监督管理部门当面沟通。关于吸收合并协议，实务中企业正式签署的版本会比较复杂，市场监督管理部门为了让合并协议的核心要点符合法律规定，希望企业采用市场监督管理部门制定的标准版本，该版本的文本较短，用词准确，包括了主要关键语句，不需要再进行实质性审核，因此企业可与市场监督管理部门沟通，使用两个版本的吸收合并协议，注销环节使用工商版本，企业内部使用自己的版本。股东会决议也是如此，若能统一版本最好，如果不能统一则可直接使用工商版本。以上三个文件可以在子改分开始前就与市场监督管理部门沟通好，并修改好，取得其确认，当税务注销完成后立即提交市场监督管理部门，通常就可以在三个工作日完成市场主体注销，甚至部分区域可以在当天完成市场主体注销。

4. 与客户沟通主体变更

与客户当面沟通是加快子改分进度的有效途径。子改分会给客户带来额外工作量，主要体现在：一是EMC合同签约主体发生变化，重新签署会增加客户多个部门的工作量；二是大型客户内部需要完成供应商更名，需要较长时间才能完成流程；三是客户支付对象发生变化，有可能要求将之前的发票冲回重开发票。另外，对于诚信度不高的客户，可能还存在通过签署EMC合同补充协议重新商讨其他条款变更的可能。

针对上述方面存在的困难，公司可从以下三个方面加强与客户的沟通：一是公司在内部决策完成后，在正式签署EMC合同补充协议前，尽早向客户发送签约主体变更的函，告知变更原因，尽可能现场沟通；二是与客户签署正式EMC合同补充协议时，要与其高管当面沟通，取得其理解和支持，为子改分工作争取时间；三是公司财务部门和运维部门要作好与客户财务部门及能源管理部门的对接沟通，就已开具发票是否冲销、新发票开具注意问题进行现场沟通。

5. 与供应商沟通主体变更

公司与供应商的沟通相对于客户而言要简单一些，主要原因是如果不及时变更相关合同协议，供应商将不能及时收到支付款。根据《民法典》和《公司法》中关于吸收合并中合并方和被合并方关于债权、债务的承继关系规定，即使不签相关合同补充协议，仅凭公司向债权人发出的通知书，也能产生合同主体变更的法律效果，签署补充协议相对而言更为正式。

第十章　子改分是否可逆

子公司改为分公司后，是否有可能再从分公司改为子公司？基于何种原因可能产生这种需求？是否具有可行性？实施路径是什么？

（一）分改子的原因分析

分公司改为子公司可能存在以下因素驱动：

1. 发展壮大子公司

企业将分公司改为子公司，多了一个法人层级。如果企业本身是三级法人，则多一个四级法人不影响法人层级最多不超过四级的要求；如果企业本身是四级法人，则需要慎重考虑五级法人存在的合理性。

如果分公司在当地拓展了新的项目，当地政府可能会要求企业在当地成立项目公司，出于考核压力因素，如上文所述，分公司不被当地政府青睐，当地政府希望项目公司在当地独立缴税，不参与企业所得税汇总纳税。企业为了信守承诺，必须在当地设立新的项目公司。子公司成立后，势必会与分公司形成一套人马两个牌子的问题，为了解决问题，分公司需要改为子公司。

2.出于隔离风险的需要

如果分公司所持有的项目存在较大风险，远期有可能会波及总公司，将分公司改为子公司可使子公司独立承担责任，股东承担有限责任，可有效化解经营风险。

3.出于处置项目的需要

企业如果计划处置分公司所持有项目，一般存在资产出售和股权处置两种方案，股权处置相对于资产出售而言具有较多优点，不会直接影响到项目的运营。企业可以选择直接出售资产，再注销分公司，也可以选择先改为子公司，再转让子公司股权。通常而言，分改子后更有利于项目处置。

（二）分改子的可行性

分公司改为子公司有两种方式，即先新设立子公司再将分公司资产出售给子公司，或者通过企业分立设立子公司，二者区别在于税收优惠政策不同。

1."新设子公司+资产出售"不存在税收优惠

企业在通过内部决策流程后先设立子公司，子公司资金来源为注册资本或借款（银行贷款或股东借款），分公司将资产进行评估后以市场价出售给子公司，分公司收到资金后清理债权债务，之后进行税务注销和市场主体注销流程。其特点是前期资产转让速度快，但无税收优惠政策，且后续税务注销需要较长时间。

2.分立设立子公司可享受企业所得税免税

《财政部 国家税务总局关于企业重组业务企业所得税处理若干问题的通知》（财税〔2009〕59号）对分立给出了定义："分立，是指一家企业（以下称为被分立企业）将部分或全部资产分离转让给现存或新设的企业（以下称为分立企业），被分立企业股东换取分立企业的股权或非股权支付，实现企业的依法分立。"在企业所得税方面，也将分立归类于企业重组的一种形式，将税务处理区分不同条件分别适用一般性税务处理规定和特殊性税务处理规定。

针对企业合并的一般性税务处理，财税〔2009〕59号规定："企业分立，当事各方应按下列规定处理：1.被分立企业对分立出去资产应按公允价值确认资产转让所得或损失。2.分立企业应按公允价值确认接受资产的计税基础。3.被分立企业继续存在时，其股东取得的对价应视同被分立企业分配进行处理。4.被分立企业不再继续存在时，被分立企业及其股东都应按清算进行所得税处理。"

针对企业分立的特殊性税务处理，文件规定企业重组同时符合下列条件的，适用特殊性税务处理规定："（一）具有合理的商业目的，且不以减少、免除或者推迟缴纳税款为主要目的。（二）被收购、合并或分立部分的资产或股权比例符合本通知规定的比例。（三）企业重组后的连续12个月内不改变重组资产原来的实质性经营活动。（四）重组交易对价中涉及股权支付金额符合本通知规定比例。（五）企业重组中取得股权支付的原主要股东，在重组后连续12个月内，不得转让所取得的股权。"

关于企业分立的具体特殊性税务处理，文件规定："企业分立，被分立企业所有股东按原持股比例取得分立企业的股权，分立企业和被分立企业均不改变原来的实质经营活动，且被分立企业股东在该企业分立发生时取得的股权支付金额不低于其交易支付总额的85%，可以选择按以下规定处理：1.分立企业接受被分立企业资产和负债的计税基础，以被分立企业的原有计税基础确定。2.被分立企业已分立出去资产相应的所得税事项由分立企业承继。3.被分立企业未超过法定弥补期限的亏损额可按分立资产占全部资产的比例进行分配，由分立企业继续弥补。4.被分立企业的股东取得分立企业的股权（以下简称'新股'），如需部分或全部放弃原持有的被分立企业的股权（以下简称'旧股'），'新股'的计税基础应以放弃'旧股'的计税基础确定。如不需放弃'旧股'，则其取得'新股'的计税基础可从以下两种方法中选择确定：直接将'新股'的计税基础确定为零；或者以被分立企业分立出去的净资产占被分立企业全部净资产的比例先调减原持有的'旧股'的计税基础，再将调减的计税基础平均分配到'新股'上。"

因此，总公司将分公司分立为全资子公司符合特殊性税务处理的前提条件，分立方(子公司)使用被分立方(分公司)原有资产和负债的计税基础，均不需缴纳企业所得税。财税〔2009〕59号还规定："在企业存续分立中，分立后的存续企业性质及适用税收优惠的条件未发生改变的，可以继续享受分立前该企业剩余期限的税收优惠，其优惠金额按该企业分立前一年的应纳税所得额（亏损计为零）乘以分立后存续企业资产占分立前该企业全部资产的比例计算。"

企业分立，根据《国家税务总局关于企业重组业务企业所得税征收管理若干问题的公告》（国家税务总局公告2015年第48号）规定，分立当事各方需根据其附件《企业重组所得税特殊性税务处理申报资料一览表》提供12项资料，这里不再赘述。

3. 分立设立子公司可享受增值税免税

《国家税务总局关于纳税人资产重组有关增值税问题的公告》（国家税务总局公告2011年第13号）规定："纳税人在资产重组过程中，通过合并、分立、出售、置换等方式，将全部或者部分实物资产以及与其相关联的债权、债务和劳动力一并转让给其他单位和个人，不属于增值税的征税范围，其中涉及的货物转让，不征收增值税。"因此吸收合并对合并方和被合并方而言不需要征收增值税。

但需要注意的是，分公司的增值税进项留抵税额能否直接结转至子公司，存在一定争议。《国家税务总局关于纳税人资产重组增值税留抵税额处理有关问题的公告》（国家税务总局公告2012年第55号）第一条规定："增值税一般纳税人（以下称'原纳税人'）在资产重组过程中，将全部资产、负债和劳动力一并转让给其他增值税一般纳税人（以下称'新纳税人'），并按程序办理注销税务登记的，其在办理注销登记前尚未抵扣的进项税额可结转至新纳税人处继续抵扣。"吸收合并业务中，各级税务机关对新纳税人能否适用分公司存在争议，分立时对原纳税人是否适用分公司也存在争议。一种观点认为，分公司改子公司业务中，原纳税人包括总公司和分公司，虽然分公司办理了注销税务登记，但总公司并未办理注销税务登记，且只是分公司将资产、负债和劳动力一并进行了转让，总公司未转让，不符合"全部"的标准。

4. 分立设立子公司可享受契税免税

《关于继续实施企业、事业单位改制重组有关契税政策的公告》（财政部 税务总局公告2023年第49号）规定："公司依照法律规定、合同约定分立为两个或两个以上与原公司投资主体相同的公司，对分立后公司承受原公司土地、房屋权属，免征契税。"

5. 分立设立子公司可享受土地增值税免税

《关于继续实施企业改制重组有关土地增值税政策的公告》（财政部 税务总局公告2023年第51号）规定："按照法律规定或者合同约定，企业分设为两个或两个以上与原企业投资主体相同的企业，对原企业将房地产转移、变更到分立后的企业，暂不征收土地增值税。"

6. 分立设立子公司可享受印花税免税

《关于企业改制重组及事业单位改制有关印花税政策的公告》（财政部 税务总局公告2024年第14号）对营业账簿的印花税作了免税规定："企业改制重组以及事业单位改制过程中成立的新企业，其新启用营业账簿记载的实收资本（股本）、资本公积合计金额，原已缴纳印花税的部分不再缴纳印花税，未缴纳印花税的部分和以后新增加的部分应当按规定缴纳印花税。"对各类应税合同、产权转移书据也作了免税规定。

综上所述，通过分立模式将分公司改为子公司，能够享受较好的税收优惠政策，且分公司不需要停止生产经营，注销时间更快，具有明显的优点。因此，对于同一控制下的分公司改子公司，更适用于分立模式。

（三）分改子的实施路径

由于"新设公司+资产出售"系常规业务，且同一控制下的分公司改为子公司更适用于分立模式，本书将简要介绍分立模式下的分改子实践路径，重点强调与子改分的差别之处。

1. 启动立项，对分公司资产进行评估

总公司启动内部立项，聘请中介机构对分公司进行审计和资产评估。尽管企业内部投资决策和会计处理并不会实质性使用评估数据，但在企业所得税特殊性税务处理环节，企业需要根据《国家税务总局关于企业重组业务企业所得税征收管理若干问题的公告》（国家税务总局公告2015年第48号）规定，向税务机关提供评估报告，为《企业重组所得税特殊性税务处理统计表》提供数据支持，计算"重组按一般性税务处理应确认的应纳税所得额""重组按特殊性税务处理确认的应纳税所得额""重组按特殊性税务处理递延确认的应纳税所得额"三项数值。

2.完成分立内部决策，设立子公司

总公司完成资产评估报告备案，进行分立新设子公司决策，然后再新设子公司。此与子改分内容类似，本书不再赘述。

3.市场主体登记变更

分公司与子公司签署分立协议后，进行公告并通知债权人，《公司法》（2023）第二百二十二条规定："公司分立，其财产作相应的分割。公司分立，应当编制资产负债表及财产清单。公司应当自作出分立决议之日起十日内通知债权人，并于三十日内在报纸上或者国家企业信用信息公示系统公告。"

《公司法》（2023）第二百二十三条规定："公司分立前的债务由分立后的公司承担连带责任。但是，公司在分立前与债权人就债务清偿达成的书面协议另有约定的除外。"

与公司合并不同的是，公司分立并没有赋予债权人要求公司清偿债务或者提供相应担保的权利，这是因为《公司法》规定了分立后的公司对分立前的债务承担连带责任，因此公司分立并未减损债权人的利益。

与吸收合并子改分相比，分公司所持有项目也需要变更外部主体合同、向当地税务机关提交特殊性税务处理材料，然后开始分公司税务注销、市场主体注销、银行账户注销、社保注销等流程。

第十一章　研究结论

子公司改分公司是一项兼具理论性和实践性的工作，可能会涉及同时吸收合并多家子公司，并完成多家子公司税务注销、市场主体注销，并新设多家分公司，还要兼顾增值税留抵税额跨省转移，难度和工作量都是很大的。子改分理论在实践中得到检验，内涵在实践中得以丰富，二者紧密结合，产生了丰硕成果。本书主要研究结论如下：

1. 子改分是一项系统工程，具有全局性、综合性、专业性特点，涉及公司新设、业务重塑、流程再造，除了不需要进行项目实体工程建设，其他方面与新项目投资的工作量并无显著区别。项目能够取得成功，必须取得各级股东的强力支持，要取得外部客户及供应商的持久配合，要发动公司各部门全员参与。

2. 子改分模式是压缩管理层级、减少法人户数的有效方式，特别适用于有实际经营业务的智慧综合能源项目公司。

3. 子改分工程的难点问题是融资余额处理。部分金融机构是可以实现将子公司融资平移至分公司或者上移至母公司的，对于不能实现平移的融资，需要提前筹集资金清偿债务。

4.子改分工程的重点问题是子公司增值税留抵税额如何处理，有三种解决方案：一是直接申请退税，二是转移至母公司，三是转移至分公司。实践证明，将子公司增值税留抵税额直接转移至分公司是可行的。

5.子改分工程的堵点是税务注销。注销前税务机关稽查重点是母、子公司的关联交易，若要快速注销，需要尽量减少关联交易，或者确保关联交易按照市场行情定价。

6.子公司和分公司各有优点缺点，分公司对于资金归集、降低税务风险、减少国资报表填报工作量具有明显的优点，但在风险隔离、税务优惠政策、资产处置方面也有明显的缺点。企业选择子公司还是分公司要从自身实际情况进行考量。

7.子改分工程是可逆的，子改分工程完成后可以再根据经营需要将分公司改为子公司，适用的税收优惠政策基本相同。如在企业所得税方面，分公司改子公司适用于企业分立对应的税收优惠政策；在增值税方面，对于资产转移可享受增值税免税优惠政策，但针对分公司增值税留抵税额是否可以结转至子公司，存在一定争议。

第十二章　案例

（一）公司情况介绍

X公司成立于2019年，最初是为建设运营某个天然气分布式能源项目而成立的项目公司。依托于分布式能源项目的稳定运营，X公司逐渐将投资范围扩充至分布式光伏、用户侧储能等智慧综合能源业务。

为从多方位获取智慧综合能源项目资源，X公司与市场各资源方广泛开展合作，通过自主开发、合资开发、收购项目公司股权等模式并行，新设了多种类型的法人，包括合资控股公司、独资公司、参股公司等。截至2022年，随着智慧综合能源业务快速发展，X公司持有大量优质智慧综合能源项目，达到已建成投运二十余个项目、持有资产近十亿元的规模。X公司法人户数随之增加，最多时下辖30户法人。与此同时，S集团的四级A公司向X公司参股，使X公司成为S集团五级法人，并通过参股管控的方式成功将X公司培育为智慧综合能源行业的领先企业。

然而，X公司下辖法人户数迅速膨胀，项目风险与管理问题也逐渐浮现。首先，X公司以设立或收购项目公司方式快速获取项目资源，但在项目后续实施过程中，发现部分项目存在较大风险无法继续投资，导致产生十余户无实际业务的法人。其次，X公司以多元化合作模式，与市场上资源方成立了多户合资控股法人，给后续资源方退出项目公司股权留下了风险。X公司法人层级最长向下延伸四级，管理人员少、管理链条长、管控能力不足的问题开始浮现。

（二）子改分背景

A公司参股X公司后，X公司共有4家股东，股权结构为：A公司持股31.0345%，B公司持股31.0345%，C公司持股31.0345%，D公司持股6.8965%。

基于X公司的往年优异经营业绩及未来良好发展预期，S集团拟通过收购X公司其他股东股权并增资的方式，使X公司成为S集团的控股子公司，并为新开发项目补充资本金。A公司从2022年起即开始筹划收购X公司股权事项。

2022年5月，根据国资委法人压减工作要求，S集团发布相关工作通知，要求将管理层级和法人层级压缩控制在合理范围内，境内产权层级力争优化调整至四级。目的是实现法人户数与经济效益增长协调同步，企业层级与户数更加精炼，主责主业更加聚焦，业务布局更加优化，内部管控更加到位，经营风险更加可控，从而实现经营效益全面提升。

根据上述文件要求，X公司若要被S集团收购，至少应成为S集团四级法人，并且X公司需清理下属全部30户法人，否则股权收购事项将不符合集团合规管理要求。

受限于S集团内法人压减工作管理要求，最终收购X公司股权的方案被确定为由S集团三级E公司收购X公司其他股东股权并向X公司增资，同时稀释A公司原有股权，即形成E公司和A公司共同持股X公司的股权结构。这样就可以解决 X 公司被收购纳入 S 集团后，法人层级超过四级的问题。E 公司收购、增资方案实施前后 X 公司股权结构图见图 12-1。

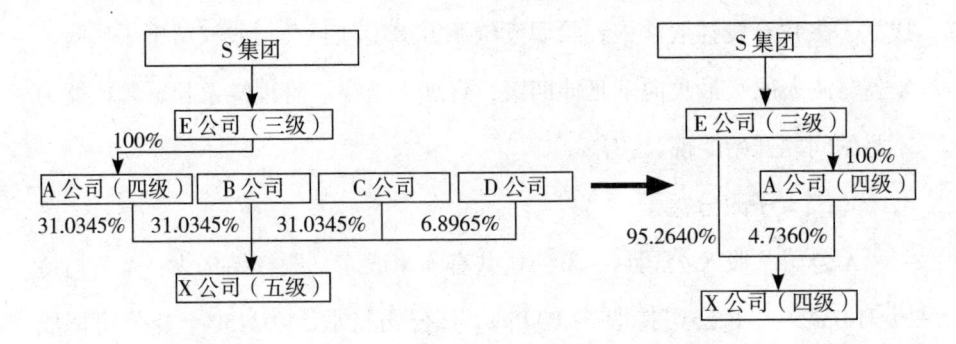

图 12-1 E 公司收购、增资方案实施前后 X 公司股权结构图

1.公司股权改造方案

基于 X 公司净资产的资产评估价值，E 公司收购 X 公司小股东股权，同时对 X 公司增资，A 公司所持 X 公司的股权被稀释，各方股东持股比例变化如表 12-1 所示。

表 12-1 X 公司股权结构变化表

股东名称	持股比例（增资并购前）	持股比例（增资并购后）
A 公司	31.0345%	4.7360%
B 公司	31.0345%	0
C 公司	31.0345%	0
D 公司	6.8965%	0
E 公司	—	95.2640%

X 公司彼时无实际控制人，但其国有股权合计占比已超过 50%，故 E 公司增资与股权收购事项均需按照《企业国有资产交易监督管理办法》（国资委 财政部令第 32 号）要求，在产权交易所公开增资。X 公司股东方 B 公司、C 公司与 D 公司均为国有企业，也需通过在产权交易所公开挂牌方式进行

股权转让。

2.公司法人压减方案

E公司安排收购X公司股权的同时，X公司内部也在紧锣密鼓地制订法人压减计划，为顺利纳入S集团做前期准备工作。

2022年X公司最多时下辖30户法人。其中，15户法人未实际开展业务，计划通过注销或转出项目公司股权的方式压减法人户数；另有15户法人持有正在运营的项目，为不影响项目正常运营，计划通过子公司改为分公司的方式压减10户法人，剩余5户法人因新能源项目建设要求、BOT（建设—经营—转让）项目属性等原因，暂不实施法人压减工作，计划在E公司增资X公司后，通过股权无偿划转的方式，提升5户法人的层级。

X公司拟通过同时实施注销、控制权转移、子改分、股权提级等方式，在一年内完成30户法人的压减工作。其中，10户法人的子改分工作最为复杂，是X公司股权改造工作能否顺利完成的决定因素。

（三）子改分方案

X公司注册在湖北荆州，计划子改分的10户法人，共持有15个新能源项目资产，涉及四省市十三地。其中：Y1公司注册在江苏省苏州市苏州工业园区，其在苏州工业园区、苏州高新区分别投资运营一个分布式光伏电站。Y2公司注册在江苏省苏州市昆山市，投资运营一个分布式光伏电站。Y3公司注册在上海市嘉定区，共投资运营五个智慧综合能源项目，包括嘉定区的两个分布式光伏电站和一个用户侧储能电站，浦东新区的一个用户侧储能电站，以及浙江省嘉兴市南湖区的一个分布式光伏电站。Y4公司注册在上海市闵行区，在上海市金山区投资运营一个分布式光伏电站。Y5公司注册在江苏省南通市启东市，投资运营一个分布式光伏电站。Y6公司注册在河南省郑州市巩义市，投资运营一个分布式光伏电站。Y7公司注册在江苏省连云港市连云区，投资运营一个用户侧储能电站。Y8公司注册在湖北省十堰市张湾区，投资运营一个分布式光伏电站。Y9公司注册在湖北省武汉市经济技术开发区，投资运营一个分布式光伏电站。Y10公司注册在江苏省常州市天宁区，投资运营一个用户侧储能电站。法人压减前股权结构图见图12-2。

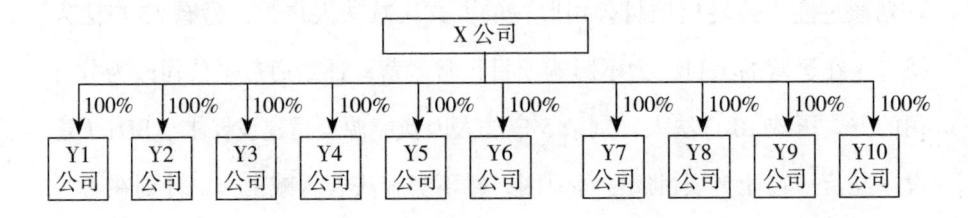

图 12-2　法人压减前股权结构图

为压减10户有实际资产运营的法人，X公司提前研究法人压减方案，最终确定了吸收合并同时新设分公司的法人压减路径。根据S集团对分支机构设立的管理要求，X公司计划在上海、苏州、南通、郑州、连云港、十堰、武汉、常州等地级市先行设立8家分公司，再由各分公司分别承继注册所在地子公司的所有资产、债权、债务、劳动力及合同权利义务等，然后注销10家子公司，达到完成法人压减的目标。子改分工作需要与不同地区的税务部门、市场主体登记部门、发改委、电网公司、银行等机构沟通吸收合并事项，而且存在跨地区跨部门沟通的问题，加上时间紧张，工作难度和工作强度极具挑战性。

根据吸收合并后的资产承继安排，苏州分公司承继Y1公司和Y2公司；上海分公司承继Y3公司和Y4公司；南通分公司承继Y5公司；郑州分公司承继Y6公司；连云港分公司承继Y7公司；十堰分公司承继Y8公司；武汉分公司承继Y9公司；常州分公司承继Y10公司。即苏州分公司需承继两家子公司涉及的三个区域三个项目资产，上海分公司需承继两家子公司涉及的四个区域六个项目资产，其他分公司各承继一家子公司的一个项目资产。各区域的子公司改分公司的对应关系如图12-3所示。

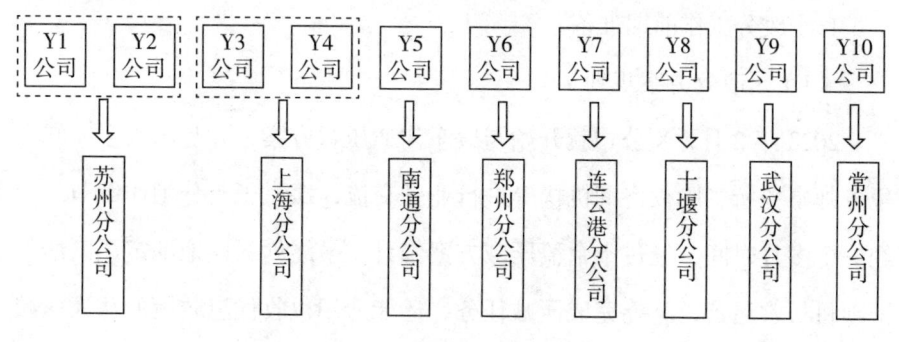

图12-3 吸收合并及子改分过程

法人压减工作全部完成后，X公司子改分的10户子公司法人将被注销，最终仅存在8家新设分公司持有并运营各项目的资产。法人压减后股权结构图如图12-4所示。

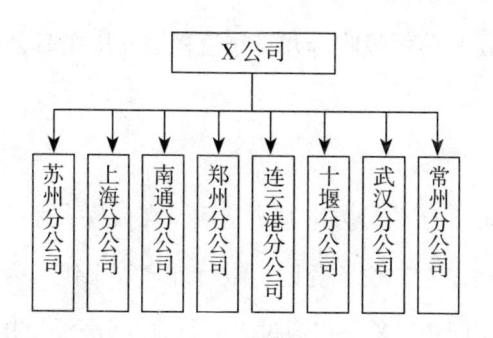

图12-4 法人压减后股权结构图

X公司吸收合并子改分工作总体分为三大环节：一是子改分工作前期准备，包括子改分方案规划、设立分公司、进行子公司审计评估等步骤；二是吸收合并内部决策与资产评估备案；三是实施吸收合并流程，包括内部资产重组协议与债权人公告、项目备案变更、子公司税务注销及市场主体注销等步骤。

（四）子改分各项业务流程

1. 子改分工作前期准备

（1）子改分方案规划

2023年2月，X公司就开始与股东沟通压减方案，并与国内多家知名税务师事务所、股权咨询机构等进行业务交流，探讨子改分工作细节。历经一个多月时间，经过十余稿压减方案修订，最终创新性地确定了既能保证项目日常运营，又能完成压减任务，还能适用税收优惠政策的法人压减方案，即通过吸收合并及子改分方式压减10户法人，同时通过股权无偿划转方式完成4户法人的股权提级。

X公司法人压减与增资工作并行，流程安排互相嵌套。E公司增资及收购X公司事项在2023年年初就通过决策，以X公司的评估价值作为增资依据，只有在评估报告完成备案后方可进行子改分工作，否则就存在程序倒置的问题，故X公司吸收合并工作流程被安排在E公司并购X公司股权之后进行。

（2）先行设立分公司

2023年4月初，子改分方案基本定稿。在债权人保护程序实施之前，就需要完成分公司设立、税务登记、银行开户等工作。为加快后续吸收合并工作，经过股东同意，X公司通过了先行设立分公司的内部决策。

根据分支机构管理要求，一个地级市仅设立一家分支机构。在分公司设立的实操过程中，根据市场主体登记机关的权限不同，需将分公司注册地精确至区县级。对于子公司下仅有一个项目的情况，将分公司设立在项目所在区县，便于后续税务部门、发改委、电网公司等变更流程。而对于上海、苏州两地，一家分公司需承继不同区县的多家子公司资产，就需要与税务部门、发改委、电网公司等相关部门提前沟通吸收合并的操作可能性，并根据各机构反馈意见，综合考虑选择分公司注册地。

例如，在选择上海分公司注册地时，Y3公司注册在上海市嘉定区，Y4公司注册在上海市闵行区，即上海分公司的注册地需在嘉定区和闵行区之间进行选择。对于招商引资项目，需要审慎选择分公司注册地，因此需要提前与注册地所在相关机构沟通。最终X公司将上海分公司注册地选在了嘉定区，因为嘉定区有数个项目是政府招商引资项目。

X公司还提前与各区域税务部门、发改委等相关部门进行沟通，征求各部门对子改分工作的意见。X公司于2023年5月30日正式成立子改分工作组，在7月6日完成了全部8家分公司的设立，并在8月18日完成了全部分公司的税务登记及银行开户等工作，为后续吸收合并的实施作好充足准备。

（3）子公司审计评估

为满足国资监管及吸收合并的税务管理要求，中央企业进行吸收合并需要进行审计、评估，即X公司10户法人需要在吸收合并前完成审计、评估及评估备案工作。评估结果有效期为一年，结合股权收购、增资等相关工作进度，X公司提前开展审计及评估工作，将10家子公司的评估基准日定在2023年5月31日，在7月21日便取得了10家子公司的审计报告、评估报告，之后再根据股权收购进度安排评估报告备案工作。

2. 吸收合并内部决策与资产评估备案

由于X公司法人压减工作与股权收购、增资工作并行，为保证相关工作合法合规，正式吸收合并工作流程被安排在股权收购完成之后进行。

X公司原计划在2023年中完成股权收购及增资，但受X公司其他股东股转事项评估时间推后的影响，X公司股权收购及增资进度严重滞后。X公司的股东方B公司、C公司直到2023年9月4日才开始挂牌转让股权，根据产权交易要求，产权交易所挂牌需公示20个工作日，相较于原计划滞后了2个月，相应地，留给法人压减的时间从原来的4个月缩短到2个月，要在2023年年底前完成法人压减工作已看似不可能完成，压减工作面对的质疑越来越大。

面对压力，X公司子改分工作组加快压减工作节奏，与时间赛跑，以多流程并行方式推进压减工作。2023年11月13日，E公司与X公司其他股东签署股权收购协议，11月20日，X公司完成股东变更的市场主体登记手续。此次市场主体登记仅变更了股东名称，即X公司成为E公司的控股子公司，但并未变更X公司注册资本。因为9月15日X公司登报公示吸收合并时，登报内容中写有"合并前X公司注册资本为人民币5051.80万元，合并后注册资本为人民币5051.80万元"。经与各地市场主体登记部门沟通，如果合并方在吸收合并期间进行了增资，会导致实际注册资本与公示内容出现差异，原来的公告将作废，需要重新公告45天后才可进行吸收合并，否则被合并方将无法正常注销。如果重新公告，2023年年底前就无法完成法人压减工作，故X公司将股权收购及增资工作分为两步，先登记股权变更事项，待子公司全部注销后再登记注册资本变更事项。

与此同时，X公司同步开展10家子公司的资产评估报告备案工作，待评估报告备案完成后方可对10家子公司进行市场主体注销。

3. 实施吸收合并流程

2023年9月13日，X公司股东会通过了子改分事项，意味着子改分工作启动，后续工作包括子公司与分公司签署内部资产重组协议、债权人保护、项目备案变更、特殊性税务处理、税务注销、市场主体注销、银行账户注销、社保注销等程序，涉及业务复杂，工作面较广。X公司各主要部门，包括资产财务部、建设管理部、生产运维部、经营管理部、投资发展部和综合管理部的主要负责人及主要员工共同参与，在外部环境极为不利的情况下抢抓工期，保障了法人压减工作顺利进行。

（1）内部资产重组协议与债权人公告

X公司在9月14日安排10家子公司与8家分公司签署《资产重组协议》，主要内容是约定子公司由X公司吸收合并，同时规定子公司的全部资产以及与其相关联的债权、债务和劳动力由各分公司承继，将审计评估基准日定为5月31日，同时规定将合并协议生效且已进行会计处理的日期明确为资产重组日。资产重组协议是后续登报公告、特殊性税务处理的关键依据。

子改分工作组联系各地市场监督管理部门，沟通子公司注销前必要的债权人保护程序，主要通过吸收合并登报公告或在国家企业信用信息公示系统公示这两种方式，有的区域仅要求提供一种公告，有的区域要求同时提供两种公告，为保险起见，10户法人都采用两种方式同时进行了公示。9月14日，子改分工作组联系湖北省、河南省、江苏省、上海市的省（市）级报社，确定了包括X公司及各子公司共11家公司的吸收合并事项登报公告内容，并约定在9月15日见报；工作组同步在10家子公司的国家企业信用信息公示系统公示了吸收合并事项，系统公示与登报公告同步，均公示至10月30日公告期满，期满后即可办理市场主体注销登记工作。

9月15日，除公告吸收合并事项外，X公司还向54位债权人发送纸质《公司合并通知书》，确保全部程序合法合规。

（2）项目备案变更

通过子改分方式压减法人户数的初衷是在不影响项目正常运营的同时，减少公司法人户数和管理层级，达到降本增效的目的。故在子改分过程中，将项目资产不受影响、不留后患地从子公司转移至分公司尤为重要。

X公司下属项目全部为分布式光伏、用户侧储能。项目变更事项与投资建设一个新项目的流程基本一致，主要包括变更EMC协议、变更项目备案、变更光伏项目与电网公司的购售电协议、融资余额处理及其他合同变更。

项目的各个变更流程是环环相扣的。子公司被注销后，需要保证项目电费由分公司正常收款，不同于简单的公司名称变更，子改分是将项目的实施运营主体由子公司转移给分公司，属于项目实施主体的变更，项目业主方通常要求重新签署EMC协议。原项目备案证也因为子改分主体变更而失效，如果不把项目备案证的主体单位变更为分公司，后期与电网公司结算、环评报告表出具、可再生能源登记等事项均会受到影响，故首先应到各地发改委或行政审批部门完成项目备案证变更。对于分布式光伏项目，余电上网部分需与电网公司结算，需要与各地电网公司办理过户程序。另外，项目资金一般由资本金和银行贷款构成，子公司注销前，需要处理好融资余额，要么筹集资金提前还清贷款，要么将融资上移至母公司，或者平移至分公司。

项目变更是子改分工作中工作量最大、范围最广、涉及部门最多的环节，X公司从9月15日通知全部债权人后，就开展项目变更工作。生产运维部负责EMC协议变更及购售电协议变更，投资发展部、建设管理部负责备案证变更，经营管理部负责其他合同变更，资产财务部负责融资余额处理，综合管理部负责员工、社保及车辆行驶证等变更。

（3）子公司税务注销及市场主体注销

2023年11月3日，工作组财务人员推着行李箱，奔赴于各税务局，就税务注销前可能出现的各类税务问题，开始提前沟通吸收合并所需的各项文件。投资发展部在11月20日办完X公司股权收购后市场主体登记变更后，将2023年11月21日定为资产重组日，X公司和10家子公司基于11月21日的账面价值进行吸收合并。随后资产财务部员工辗转于4省市11个税务局，递交特殊性税务处理文件，开展税务注销工作；投资发展部员工奔赴4省市14个行政审批局，反复核对市场主体注销和提级资料，为后续正式市场主体注销和股权提级作准备。

子改分工作组成员累计出差372天次，特别是在11、12月最后两个月内，白天跑税务局、市场监督管理部门、发改委等部门，18点准时开会分享经验并讨论第二天工作计划，然后再加班加点完成手头日常工作，想方设法在29个工作日内完成了10家公司的税务注销和市场主体注销。

工作组成员抱着破釜沉舟的信念，借着一股不完成税务注销就不回公司的冲劲，终于在2023年最后一个工作日完成了最后一家公司的市场主体注销。复盘发现，只要每项业务流程的决策时间再晚1天，法人压减工作就不能在2023年年底前全部完成。

（五）子改分结果展示

子改分工作从2023年3月20日启动，到2023年12月底结束，历时9个多月，最终由X公司成功吸收合并了10家子公司，并由8家分公司承继了10家子公司的资产、债权、债务、劳动力、合同权利及义务，子公司顺利完成税务注销、银行账户注销、社保账户注销、市场主体注销。子改分工作结果展示如表12-2所示。

表 12-2　X 公司法人注销完成时间

序号	子公司名称	注册地	法人层级	税务注销时间	市场主体注销时间
1	Y1公司	江苏省苏州市苏州工业园区	五	2023年12月11日	2023年12月25日
2	Y2公司	江苏省苏州市昆山市	五	2023年12月19日	2023年12月26日
3	Y3公司	上海市嘉定区	五	2023年12月26日	2023年12月29日
4	Y4公司	上海市闵行区	五	2023年12月4日	2023年12月26日
5	Y5公司	江苏省南通市启东市	五	2023年12月27日	2023年12月28日
6	Y6公司	河南省郑州市巩义市	五	2023年12月8日	2023年12月25日
7	Y7公司	江苏省连云港市连云区	五	2023年12月28日	2023年12月28日
8	Y8公司	湖北省十堰市张湾区	五	2023年12月7日	2023年12月22日
9	Y9公司	湖北省武汉市经济技术开发区	五	2023年12月12日	2023年12月22日
10	Y10公司	江苏省常州市天宁区	五	2023年12月12日	2023年12月26日

（六）子改分后经济效益列示

X 公司完成子改分工作后的第一年，经过复盘、分析和总结，与子改分工作完成前相比，公司内部决策效率大幅提升，人工成本和税费成本下降明显，税务风险得到有效控制，财务工作效率得以持续提升，公司经营管理更加规范，企业盈利水平稳健提高。

1. 公司决策效率大幅提升

X 公司在只有分公司的管理架构下，分公司层面不再保留决策机构，所有内部决策均在总公司层面完成，从而使业务流程得以简化，决策效率得到提升。子改分工作完成前，母公司需要向子公司委派执行董事和总经理，在签署某些重要协议时，需要根据公司章程规定出具股东决定，子改分工作完成后，总公司只需向分公司委派负责人，不再需要履行涉及子公司独立法人的一些业务流程。

2.经营管理更加规范

X公司子改分完成后，分公司被视为公司的一个部门进行日常经营管理，总公司所有管理制度自动适用分公司，分公司层面不需要保留行政机构，总公司的10个职能部门同时负责8个分公司的日常经营管理，管理体系真正实现了标准化、制度化、规范化。

3.财务工作效率显著提升

X公司在10个子公司架构下，需要设置11套账，每套账均由专人独立负责会计、税务核算，即使在每个月末进行对账，也难免会出现明细科目设置不一致的情况，还会出现内部往来存在差异的情况。子改分工作完成后，X公司只设置1套账，同时核算原母公司和10个子公司的业务，并通过凭证类型区分8个分公司的经营业务，核算工作效率提高了20%以上。

同时，在国资报表填报工作量方面，X公司原来需要填报11户法人的各类报表，子改分工作完成后财务人员只需要填报1户法人的数据，分公司所有数据均被包含在总公司报表之中，因此，国资报表填报的工作量减少了约80%。

鉴于财务团队工作量的减少，X公司原财务团队9人中，抽调了1名财务人员支援其他公司，财务人员虽然有所减少，但财务工作效率反而得到了提升。

4.税费成本下降，税务风险降低

X公司是高新技术企业，享受企业所得税15%的税收优惠待遇，原来10家子公司从事分布式光伏和用户侧储能行业，虽然分布式光伏享受"三免三减半"的企业所得税优惠待遇，但用户侧储能并不享受企业所得税优惠待遇。子改分工作完成后，由于总公司收入在总收入中占比较高，且新增了光伏、储能研发技术投入，光伏、储能收入也被允许计入高新收入中，相应地，分公司也能和总公司一起享受高新技术企业的税收优惠待遇，税费成本得以下降。

另外，由于总公司与分公司之间不再需要签署资金借款合同，相对于母、子公司架构而言，X公司节省了因借款合同而产生的增值税税负支出。在印花税方面，X公司投建新项目需在外地新设分公司时，不再需要像子公司一样投入资本金，从而节省了因为注册资本产生的印花税支出。

除了税费成本下降，X公司在子改分工作完成后还降低了税务风险。以企业所得税为例，由于总、分机构之间是汇总缴纳企业所得税，故X公司不需要考虑总、分机构之间的税收筹划问题，关联交易可能产生的税务风险从根本上得到控制。

5. 资金使用效率大幅提升

X公司与原子公司的内部资金往来需要通过借款协议或者委托贷款进行处理，根据公司章程和三会议事规则，需要履行X公司总办会、董事会流程，并且签署借款协议或者委托贷款协议。子改分工作完成后，总、分公司之间的资金调度只需履行X公司资金支付流程即可进行划拨，不再需要履行X公司总办会、董事会流程，节省了所用时间。当业务流程简化后，总公司得以将分公司的沉淀资金进行归集，然后将归集的资金存入金融机构，得以争取较高利率的通知存款或者定期存款，获取了更多的利息收入，有效地降低了财务成本。

（七）心得体会

X公司在S集团范围内首创了通过吸收合并及新设分公司压减10户

法人的新模式。子改分工作难度大，涉及内容多，时间要求紧，在各单位的大力支持下，X公司提前规划，科学分工，在外部不可控因素滞后两个月工期的不利条件下，法人压减工作组与时间赛跑，在2023年最后一个工作日完成最后一户法人的市场主体注销，在2023年最后三个工作日内通过无偿划转方式完成4户法人提级，圆满完成了境内法人层级控制在四级以内的任务，超额完成S集团法人压减目标。主要有以下心得体会：

1. 深刻领悟法人压减工作的重大意义，开创性提出独具特色的法人压减方案。

E公司计划2023年中并表X公司为S集团四级法人，X公司需压减下属14户有实际项目运营的五级法人，共涉及15个项目，投资额约10亿元。X公司接到法人压减任务后高度重视，深知法人压减工作事关重大，是集团公司创建一流企业、提升风险防范水平的内在需要，对推动公司高质量发展具有重大意义。经过多轮法人压减方案研究，创造性地实施了10家子公司改分公司的方案。

2. 各层级公司上下联动，成立工作组，为法人压减工作提供了坚实的组织保障。

在各单位指导下，X公司2023年5月30日成立子改分工作组，协调资产财务部、建设管理部、生产运维部、经营管理部、投资发展部和综合管理部负责人及主要员工参与，工作组建后沟通顺畅、运行高效。

3. 法人压减工作涉及业务复杂，工作面广，时间紧张，工作组倒排时间计划表，在外部环境极为不利的情况下抢抓工期，保障法人压减工作顺利进行。

子改分工作有严格的先后程序，需要先设立分公司、完成银行开户和税务登记，被注销公司需要审计和评估，完成内部决策后需要发布吸收合并公告，签署合并协议，通知债权人，将子公司外部合同转移到分公司，包括但不限于融资置换、融资平移、EMC协议变更、购售电协议变更、其他相关合同变更。公告期45天后方可进行税务注销和市场主体注销。股权提级需要出具审计报告，取得集团批复方可进行无偿划转。

4. 工作组将税务注销作为法人压减工作的核心重点，预先与4省市11个税务局及外部知名股权财税机构沟通，确保法人压减工作合法合规。

工作组从2023年5月12日起，奔赴湖北荆州、湖北武汉、湖北十堰、河南巩义、江苏常州、江苏南通、江苏连云港、江苏苏州工业园区、江苏苏州昆山、上海嘉定区、上海闵行区等地的税务局，深入交流了吸收合并材料。通过后期实务验证，对被合并公司的进项留抵税额问题共实施了3种路径：一是成功争取到了6个公司的增值税留抵退税共计3000多万元，极大地缓解了X公司的资金压力；二是将3个公司的进项留抵税额转移到合并方X公司；三是创造性地将上海1个子公司的进项税额直接转移到X公司上海分公司。

5. 工作组敢于担当，在紧盯既定目标、狠抓工作落实上作出了表率。

由于X公司其他股东的股转挂牌时间严重滞后，相较于原计划滞后了2个月，压减时间仅有原计划的一半。X公司2023年9月14日与10家子公司签署吸收合并协议，9月15日发布吸收合并公告，10月30日公告期满，11月20日完成X公司小股东股权收购，重组日定为11月21日，给税务注销和市场主体注销只预留了29个工作日。10张税务清算证明、10张注销登记通知书和4张股权提级后新营业执照的背后，凝结的是所有工作组成员的智慧和汗水。

参考文献

[1] 李利威. 一本书看透股权节税［M］. 北京：机械工业出版社，2022：208-215.

[2] 范松林. 法人压减、处僵治困、参股瘦身攻略［M］. 北京：中国财政经济出版社，2019：15-18.

[3] 赵国庆. 资产重组增值税留抵税额处理应关注的六大问题［J］. 财务与会计（理财版），2013（5）：41-42.

[4] 方怡. "子改分"实例分析及新体制下的经营管理方式浅探［J］. 铁路工程技术与经济，2020，35（4）：69-70+20.

[5] 徐雅萍. 基于扁平化管理视角的中央企业"压减"工作探析及建议［J］. 中国有色金属，2017，（S2）：439-441.

[6] 姚静陶. 浅析国有企业内部子公司间吸收合并的风险防控和实务要点［J］. 铁路采购与物流，2020，15（2）：36-38.

[7] 高喜章，谈颖. 用户侧电化学储能业务增值税税率研究［J］. 中国总会计师.2024（1）：117.

[8] 高喜章，王瑜琳. 吸收合并中增值税留抵税额处理研究［J］. 中国总会计师.2024（10）：77-79.

附　录

（一）企业重组改制相关税收政策文件

1. 企业所得税政策文件

（1）《财政部 国家税务总局关于企业重组业务企业所得税处理若干问题的通知》（财税〔2009〕59号，2009年4月30日）

（2）《财政部 国家税务总局关于企业清算业务企业所得税处理若干问题的通知》（财税〔2009〕60号，2009年4月30日）

（3）《国家税务总局关于发布〈企业重组企业所得税管理办法〉的公告》（国家税务总局公告2010年第4号，2010年7月26日）

（4）《财政部 国家税务总局关于促进企业重组有关企业所得税处理问题的通知》（财税〔2014〕109号，2014年12月25日）

（5）《财政部 国家税务总局关于非货币性资产投资企业所得税政策问题的通知》（财税〔2014〕116号，2014年12月31日）

（6）《国家税务总局关于非货币性资产投资企业所得税有关征管问题的公告》（国家税务总局公告2015年第33号，2015年5月8日）

（7）《国家税务总局关于资产（股权）划转企业所得税征管问题的公告》（国家税务总局公告 2015 年第 40 号，2015 年 5 月 27 日）

（8）《国家税务总局关于企业重组业务企业所得税征收管理若干问题的公告》（国家税务总局公告 2015 年第 48 号，2015 年 6 月 24 日）

（9）《国家税务总局关于全民所有制企业公司制改制企业所得税处理问题的公告》（国家税务总局公告 2017 年第 34 号，2017 年 9 月 22 日）

2. 增值税政策文件

（1）《国家税务总局关于纳税人资产重组有关增值税问题的公告》（国家税务总局公告 2011 年第 13 号，2011 年 2 月 18 日）

（2）《国家税务总局关于纳税人资产重组有关增值税问题的公告》（国家税务总局公告 2013 年第 66 号，2013 年 11 月 19 日）

（3）《财政部 国家税务总局关于全面推开营业税改征增值税试点的通知》（财税〔2016〕36 号，2016 年 3 月 23 日）

3. 契税政策文件

《关于继续实施企业、事业单位改制重组有关契税政策的公告》（财政部 税务总局公告 2023 年第 49 号，2023 年 9 月 22 日）

4. 土地增值税政策文件

《关于继续实施企业改制重组有关土地增值税政策的公告》（财政部 税务总局公告 2023 年第 51 号，2023 年 9 月 22 日）

5. 印花税政策文件

《关于企业改制重组及事业单位改制有关印花税政策的公告》（财政部 税务总局公告 2024 年第 14 号，2024 年 8 月 27 日）

（二）《国家税务总局关于企业重组业务企业所得税征收管理若干问题的公告》（国家税务总局公告 2015 年第 48 号）

国家税务总局
关于企业重组业务企业所得税征收管理若干问题的公告

国家税务总局公告 2015 年第 48 号

根据《中华人民共和国企业所得税法》及其实施条例、《中华人民共和国税收征收管理法》及其实施细则、《国务院关于取消非行政许可审批事项的决定》（国发〔2015〕27 号）、《财政部 国家税务总局关于企业重组业务企业所得税处理若干问题的通知》（财税〔2009〕59 号）和《财政部 国家税务总局关于促进企业重组有关企业所得税处理问题的通知》（财税〔2014〕109 号）等有关规定，现对企业重组业务企业所得税征收管理若干问题公告如下：

一、按照重组类型，企业重组的当事各方是指：

（一）债务重组中当事各方，指债务人、债权人。

（二）股权收购中当事各方，指收购方、转让方及被收购企业。

（三）资产收购中当事各方，指收购方、转让方。

（四）合并中当事各方，指合并企业、被合并企业及被合并企业股东。

（五）分立中当事各方，指分立企业、被分立企业及被分立企业股东。

上述重组交易中，股权收购中转让方、合并中被合并企业股东和分立中被分立企业股东，可以是自然人。

当事各方中的自然人应按个人所得税的相关规定进行税务处理。

二、重组当事各方企业适用特殊性税务处理的（指重组业务符合财税

〔2009〕59号文件和财税〔2014〕109号文件第一条、第二条规定条件并选择特殊性税务处理的，下同），应按如下规定确定重组主导方：

（一）债务重组，主导方为债务人。

（二）股权收购，主导方为股权转让方，涉及两个或两个以上股权转让方，由转让被收购企业股权比例最大的一方作为主导方（转让股权比例相同的可协商确定主导方）。

（三）资产收购，主导方为资产转让方。

（四）合并，主导方为被合并企业，涉及同一控制下多家被合并企业的，以净资产最大的一方为主导方。

（五）分立，主导方为被分立企业。

三、财税〔2009〕59号文件第十一条所称重组业务完成当年，是指重组日所属的企业所得税纳税年度。

企业重组日的确定，按以下规定处理：

1.债务重组，以债务重组合同（协议）或法院裁定书生效日为重组日。

2.股权收购，以转让合同（协议）生效且完成股权变更手续日为重组日。关联企业之间发生股权收购，转让合同（协议）生效后12个月内尚未完成股权变更手续的，应以转让合同（协议）生效日为重组日。

3.资产收购，以转让合同（协议）生效且当事各方已进行会计处理的日期为重组日。

4.合并，以合并合同（协议）生效、当事各方已进行会计处理且完成工商新设登记或变更登记日为重组日。按规定不需要办理工商新设或变更登记的合并，以合并合同（协议）生效且当事各方已进行会计处理的日期为重组日。

5.分立，以分立合同（协议）生效、当事各方已进行会计处理且完成工商新设登记或变更登记日为重组日。

四、企业重组业务适用特殊性税务处理的,除财税〔2009〕59号文件第四条第(一)项所称企业发生其他法律形式简单改变情形外,重组各方应在该重组业务完成当年,办理企业所得税年度申报时,分别向各自主管税务机关报送《企业重组所得税特殊性税务处理报告表》及附表(详见附件1)和申报资料(详见附件2)。合并、分立中重组一方涉及注销的,应在尚未办理注销税务登记手续前进行申报。

重组主导方申报后,其他当事方向其主管税务机关办理纳税申报。申报时还应附送重组主导方经主管税务机关受理的《企业重组所得税特殊性税务处理报告表》及附表(复印件)。

五、企业重组业务适用特殊性税务处理的,申报时,应从以下方面逐条说明企业重组具有合理的商业目的:

(一)重组交易的方式;

(二)重组交易的实质结果;

(三)重组各方涉及的税务状况变化;

(四)重组各方涉及的财务状况变化;

(五)非居民企业参与重组活动的情况。

六、企业重组业务适用特殊性税务处理的,申报时,当事各方还应向主管税务机关提交重组前连续12个月内有无与该重组相关的其他股权、资产交易情况的说明,并说明这些交易与该重组是否构成分步交易,是否作为一项企业重组业务进行处理。

七、根据财税〔2009〕59号文件第十条规定,若同一项重组业务涉及在连续12个月内分步交易,且跨两个纳税年度,当事各方在首个纳税年度交易完成时预计整个交易符合特殊性税务处理条件,经协商一致选择特殊性税务处理的，可以暂时适用特殊性税务处理，并在当年企业所得税年度申报时提交书面申报资料。

在下一纳税年度全部交易完成后，企业应判断是否适用特殊性税务处理。如适用特殊性税务处理的，当事各方应按本公告要求申报相关资料；如适用一般性税务处理的，应调整相应纳税年度的企业所得税年度申报表，计算缴纳企业所得税。

八、企业发生财税〔2009〕59号文件第六条第（一）项规定的债务重组，应准确记录应予确认的债务重组所得，并在相应年度的企业所得税汇算清缴时对当年确认额及分年结转额的情况作出说明。

主管税务机关应建立台账，对企业每年申报的债务重组所得与台账进行比对分析，加强后续管理。

九、企业发生财税〔2009〕59号文件第七条第（三）项规定的重组，居民企业应准确记录应予确认的资产或股权转让收益总额，并在相应年度的企业所得税汇算清缴时对当年确认额及分年结转额的情况作出说明。

主管税务机关应建立台账，对居民企业取得股权的计税基础和每年确认的资产或股权转让收益进行比对分析，加强后续管理。

十、适用特殊性税务处理的企业，在以后年度转让或处置重组资产（股权）时，应在年度纳税申报时对资产（股权）转让所得或损失情况进行专项说明，包括特殊性税务处理时确定的重组资产（股权）计税基础与转让或处置时的计税基础的比对情况，以及递延所得税负债的处理情况等。

适用特殊性税务处理的企业，在以后年度转让或处置重组资产（股权）时，主管税务机关应加强评估和检查，将企业特殊性税务处理时确定的重组资产（股权）计税基础与转让或处置时的计税基础及相关的年度纳税申报表比对，发现问题的，应依法进行调整。

十一、税务机关应对适用特殊性税务处理的企业重组做好统计和相关资料的归档工作。各省、自治区、直辖市和计划单列市税务局应于每年 8 月底前将《企业重组所得税特殊性税务处理统计表》(详见附件 3)上报税务总局(所得税司)。

十二、本公告适用于 2015 年度及以后年度企业所得税汇算清缴。《国家税务总局关于发布〈企业重组业务企业所得税管理办法〉的公告》(国家税务总局公告 2010 年第 4 号)第三条、第七条、第八条、第十六条、第十七条、第十八条、第二十二条、第二十三条、第二十四条、第二十五条、第二十七条、第三十二条同时废止。

本公告施行时企业已经签订重组协议,但尚未完成重组的,按本公告执行。

特此公告。

附件:1. 企业重组所得税特殊性税务处理报告表及附表[1]

2. 企业重组所得税特殊性税务处理申报资料一览表

3. 企业重组所得税特殊性税务处理统计表

国家税务总局

2015 年 6 月 24 日

---

[1] 附件 1 包括 5 个附表,分别是附件 1-1 企业重组所得税特殊性税务处理报告表(债务重组)、附件 1-2 企业重组所得税特殊性税务处理报告表(股权收购)、附件 1-3 企业重组所得税特殊性税务处理报告表(资产收购)、附件 1-4 企业重组所得税特殊性税务处理报告表(企业合并)、附件 1-5 企业重组所得税特殊性税务处理报告表(企业分立),考虑与本书的相关性,省略附件 1-1、附件 1-2、附件 1-3、附件 1-5。

附件1

企业重组所得税特殊性税务处理报告表

纳税人名称（盖章）		纳税人识别号	
单位地址		财务负责人	
主管税务机关（全称）		联系电话	

重组日：　　　重组业务开始年度：　　　重组业务完成年度：

重组交易类型	企业在重组业务中所属当事方类型		
□法律形式改变			
□债务重组	□债务人	□债权人	
□股权收购	□收购方	□转让方	□被收购企业
□资产收购	□收购方	□转让方	
□合并	□合并企业	□被合并企业	□被合并企业股东
□分立	□分立企业	□被分立企业	□被分立企业股东
特殊性税务处理条件	（一）具有合理的商业目的，且不以减少、免除或者推迟缴纳税款为主要目的。		□
	（二）被收购、合并或分立部分的资产或股权比例符合规定的比例。		□比例　　%
	（三）企业重组后的连续12个月内不改变重组资产原来的实质性经营活动。		□
	（四）重组交易对价中涉及股权支付金额符合规定比例。		□比例　　%
	（五）企业重组中取得股权支付的原主要股东，在重组后连续12个月内，不得转让所取得的股权。		□
主管税务机关受理意见	（受理专用章）　　　　年　月　日		

附 录

续表

其他需要说明的事项（重组业务其他需要说明的事项，如没有则填"无"）：	
纳税人声明	谨声明：本人知悉并保证本表填报内容及所附证明材料真实、完整，并承担因资料虚假而产生的法律和行政责任。 法定代表人签章：　　　年　月　日

填表人：　　　　　　　　填表日期：

填表说明：

1. 本表为企业重组业务适用特殊性税务处理申报时填报。涉及两个及以上重组交易类型的，应分别填报。

2. "特殊性税务处理条件"，债务重组中重组所得超50%的，只需填写条件（一），债转股的，只需填写条件（一）和（五）；合并中同一控制下且不需要支付对价的合并，只需填写条件（一）、（二）、（三）和（五）。

3. 本表一式两份，重组当事方及其所属主管税务机关各一份。

4. 除法律形式简单改变外，重组各方应在该重组业务完成当年，办理企业所得税年度申报时，分别向各自主管税务机关报送《企业重组所得税特殊性税务处理报告表》及附表和申报资料。合并、分立中重组一方涉及注销的，应在尚未办理注销税务登记手续前进行申报。重组主导方申报后，其他当事方向其主管税务机关办理纳税申报。申报时还应附送重组主导方经主管税务机关受理的《企业重组所得税特殊性税务处理报告表》及附表（复印件）。

附件1-4

企业重组所得税特殊性税务处理报告表（企业合并）

申报企业名称（盖章）：　　　　　　　　　　金额单位：元（列至角分）

合并企业名称	合并企业纳税识别号		合并企业所属主管税务机关（全称）	
被合并企业名称	被合并企业纳税识别号		被合并企业所属主管税务机关（全称）	
1			1	
2			2	
被合并企业股东名称	纳税识别号	持股比例%	被合并企业股东所属主管税务机关（全称）	
1			1	
2			2	
3			3	
合并交易的支付总额			股权支付额占交易支付总额的比例%	
股权支付额（公允价值）			股权支付额（原计税基础）	
非股权支付额（公允价值）			非股权支付额（原计税基础）	
是否为同一控制下且不需要支付对价的合并	□是	□否	非股权支付对应的资产转让所得或损失	
被合并企业税前尚未弥补的亏损额			被合并企业净资产公允价值	
截至合并业务发生当年年末国家发行的最长期限的国债利率			可由合并企业弥补的被合并企业亏损的限额	
被合并企业资产的原计税基础			合并企业接受被合并企业资产的计税基础	
被合并企业负债的原计税基础			合并企业接受被合并企业负债的计税基础	
未确认的资产损失			分期确认的收入	

续表

被合并企业有关项目所得优惠的剩余期限	年至　　　年	
被合并企业股东取得股权和其他资产情况			
股东名称	项目名称	公允价值	计税基础

谨声明：本人知悉并保证本表填报内容及所附证明材料真实、完整，并承担因资料虚假而产生的法律和行政责任。

法定代表人签章：　　年　月　日

填表人：　　　　　　填表日期：

填表说明：

1. 合并企业名称，吸收合并为合并后存续的企业，新设合并为新设企业。

2. 被合并企业为两家以上的，应自行增加行次填写。

3. 若企业合并业务较复杂，本表不能充分反映企业实际情况，企业可自行补充说明。

4. 本表一式两份。合并企业（被合并企业、被合并企业股东）及其所属主管税务机关各一份。

附件2

企业重组所得税特殊性税务处理申报资料一览表

重组类型	资料提供方	申报资料
债务重组	当事各方	1.债务重组的总体情况说明,包括债务重组方案、基本情况、债务重组所产生的应纳税所得额,并逐条说明债务重组的商业目的;以非货币资产清偿债务的,还应包括企业当年应纳税所得额情况;
		2.清偿债务或债权转股权的合同(协议)或法院裁定书,需有权部门(包括内部和外部)批准的,应提供批准文件;
		3.债权转股权的,提供相关股权评估报告或其他公允价值证明;以非货币资产清偿债务的,提供相关资产评估报告或其他公允价值证明;
		4.重组当事各方一致选择特殊性税务处理并加盖当事各方公章的证明资料;
		5.债权转股权的,还应提供工商管理部门等有权机关登记的相关企业股权变更事项的证明材料,以及债权人12个月内不转让所取得股权的承诺书;
		6.重组前连续12个月内有无与该重组相关的其他股权、资产交易,与该重组是否构成分步交易、是否作为一项企业重组业务进行处理情况的说明;
		7.按会计准则规定当期应确认资产(股权)转让损益的,应提供按税法规定核算的资产(股权)计税基础与按会计准则规定核算的相关资产(股权)账面价值的暂时性差异专项说明。
股权收购	当事各方	1.股权收购业务总体情况说明,包括股权收购方案、基本情况,并逐条说明股权收购的商业目的;
		2.股权收购、资产收购业务合同(协议),需有权部门(包括内部和外部)批准的,应提供批准文件;
		3.相关股权评估报告或其他公允价值证明;
		4.12个月内不改变重组资产原来的实质性经营活动、原主要股东不转让所取得股权的承诺书;

续表

重组类型	资料提供方	申报资料
股权收购	当事各方	5.工商管理部门等有权机关登记的相关企业股权变更事项的证明材料；
		6.重组当事各方一致选择特殊性税务处理并加盖当事各方公章的证明资料；
		7.涉及非货币性资产支付的，应提供非货币性资产评估报告或其他公允价值证明；
		8.重组前连续12个月内有无与该重组相关的其他股权、资产交易，与该重组是否构成分步交易、是否作为一项企业重组业务进行处理情况的说明；
		9.按会计准则规定当期应确认资产（股权）转让损益的，应提供按税法规定核算的资产（股权）计税基础与按会计准则规定核算的相关资产（股权）账面价值的暂时性差异专项说明。
资产收购	当事各方	1.资产收购业务总体情况说明，包括资产收购方案、基本情况，并逐条说明资产收购的商业目的；
		2.资产收购业务合同（协议），需有权部门（包括内部和外部）批准的，应提供批准文件；
		3.相关资产评估报告或其他公允价值证明；
		4.被收购资产原计税基础的证明；
		5.12个月内不改变资产原来的实质性经营活动、原主要股东不转让所取得股权的承诺书；
		6.工商管理部门等有权机关登记的相关企业股权变更事项的证明材料；
		7.重组当事各方一致选择特殊性税务处理并加盖当事各方公章的证明资料；
		8.涉及非货币性资产支付的，应提供非货币性资产评估报告或其他公允价值证明；
		9.重组前连续12个月内有无与该重组相关的其他股权、资产交易，与该重组是否构成分步交易、是否作为一项企业重组业务进行处理情况的说明；
		10.按会计准则规定当期应确认资产（股权）转让损益的，应提供按税法规定核算的资产（股权）计税基础与按会计准则规定核算的相关资产（股权）账面价值的暂时性差异专项说明。

续表

重组类型	资料提供方	申报资料
合并	当事各方	1. 企业合并的总体情况说明，包括合并方案、基本情况，并逐条说明企业合并的商业目的；
		2. 企业合并协议或决议，需有权部门（包括内部和外部）批准的，应提供批准文件；
		3. 企业合并当事各方的股权关系说明，若属同一控制下且不需支付对价的合并，还需提供在企业合并前，参与合并各方受最终控制方的控制在12个月以上的证明材料；
		4. 被合并企业净资产、各单项资产和负债的账面价值和计税基础等相关资料；
		5. 12个月内不改变资产原来的实质性经营活动、原主要股东不转让所取得股权的承诺书；
		6. 工商管理部门等有权机关登记的相关企业股权变更事项的证明材料；
		7. 合并企业承继被合并企业相关所得税事项（包括尚未确认的资产损失、分期确认收入和尚未享受期满的税收优惠政策等）情况说明；
		8. 涉及可由合并企业弥补被合并企业亏损的，需要提供其合并日净资产公允价值证明材料及主管税务机关确认的亏损弥补情况说明；
		9. 重组当事各方一致选择特殊性税务处理并加盖当事各方公章的证明资料；
		10. 涉及非货币性资产支付的，应提供非货币性资产评估报告或其他公允价值证明；
		11. 重组前连续12个月内有无与该重组相关的其他股权、资产交易，与该重组是否构成分步交易、是否作为一项企业重组业务进行处理情况的说明；
		12. 按会计准则规定当期应确认资产（股权）转让损益的，应提供按税法规定核算的资产（股权）计税基础与按会计准则规定核算的相关资产（股权）账面价值的暂时性差异专项说明。

续表

重组类型	资料提供方	申报资料
分立	当事各方	1. 企业分立的总体情况说明,包括分立方案、基本情况,并逐条说明企业分立的商业目的;
		2. 被分立企业董事会、股东会(股东大会)关于企业分立的决议,需有权部门(包括内部和外部)批准的,应提供批准文件;
		3. 被分立企业的净资产、各单项资产和负债账面价值和计税基础等相关资料;
		4. 12个月内不改变资产原来的实质性经营活动、原主要股东不转让所取得股权的承诺书;
		5. 工商管理部门等有权机关认定的分立和被分立企业股东股权比例证明材料及分立后,分立和被分立企业工商营业执照复印件;
		6. 重组当事各方一致选择特殊性税务处理并加盖当事各方公章的证明资料;
		7. 涉及非货币性资产支付的,应提供非货币性资产评估报告或其他公允价值证明;
		8. 分立企业承继被分立企业所分立资产相关所得税事项(包括尚未确认的资产损失、分期确认收入和尚未享受期满的税收优惠政策等)情况说明;
		9. 若被分立企业尚有未超过法定弥补期限的亏损,应提供亏损弥补情况说明、被分立企业重组前净资产和分立资产公允价值的证明材料;
		10. 重组前连续12个月内有无与该重组相关的其他股权、资产交易,与该重组是否构成分步交易、是否作为一项企业重组业务进行处理情况的说明;
		11. 按会计准则规定当期应确认资产(股权)转让损益的,应提供按税法规定核算的资产(股权)计税基础与按会计准则规定核算的相关资产(股权)账面价值的暂时性差异专项说明。

附件3

企业重组所得税特殊性税务处理统计表

报送单位：×××税务局　　　　　纳税年度：　　　　　金额：万元

重组类型	重组主导方企业名称	重组主导方所属行业	重组主导方经济类型	重组是否涉及上市公司	重组业务交易金额	重组按一般性税务处理应确认的应纳税所得额（1）	重组按特殊性税务处理确认的应纳税所得额（2）	重组按特殊性税务处理递延确认的应纳税所得额（3）=（1）-（2）
合计	—	—	—	—				

填表说明：

1. 本表只统计重组主导方在本省（自治区、直辖市）管辖范围内，且汇算清缴当年完成的重组业务。

2. 重组类型选项包括债务重组、股权收购、资产收购、合并和分立。

3. 重组主导方所属行业按《国民经济行业分类》（GB/T 4754-2011）填列，填至行业明细分类的大类和中类，如×××花卉种植公司，所属行业为"农业—蔬菜、园艺作物的种植"。

4. "重组主导方经济类型"按征管信息系统口径填报。

5. "重组业务交易金额"，是指重组业务的交易支付总额。同一控制下且不需要支付对价的企业合并中，应为被合并企业净资产公允价值。

6. "重组按一般性税务处理应确认的应纳税所得额"，是指符合特殊性税务处理条件的重组业务若按财税〔2009〕59号文件第四条规定按一般性税务处理应确认的应纳税所得额。同一控制下且不需要支付对价的企业合并中，应为被合并企业净资产公允价值减去计税基础的差额。

7. 每行填列一项重组业务。

附 录

（三）《国家税务总局关于纳税人资产重组增值税留抵税额处理有关问题的公告》（国家税务总局公告 2012 年第 55 号）

国家税务总局
关于纳税人资产重组增值税留抵税额处理有关问题的公告

国家税务总局公告 2012 年第 55 号

现将纳税人资产重组中增值税留抵税额处理有关问题公告如下：

一、增值税一般纳税人（以下称"原纳税人"）在资产重组过程中，将全部资产、负债和劳动力一并转让给其他增值税一般纳税人（以下称"新纳税人"），并按程序办理注销税务登记的，其在办理注销登记前尚未抵扣的进项税额可结转至新纳税人处继续抵扣。

二、原纳税人主管税务机关应认真核查纳税人资产重组相关资料，核实原纳税人在办理注销税务登记前尚未抵扣的进项税额，填写《增值税一般纳税人资产重组进项留抵税额转移单》（见附件）。

《增值税一般纳税人资产重组进项留抵税额转移单》一式三份，原纳税人主管税务机关留存一份，交纳税人一份，传递新纳税人主管税务机关一份。

三、新纳税人主管税务机关应将原纳税人主管税务机关传递来的《增值税一般纳税人资产重组进项留抵税额转移单》与纳税人报送资料进行认真核对，对原纳税人尚未抵扣的进项税额，在确认无误后，允许新纳税人继续申报抵扣。

本公告自 2013 年 1 月 1 日起施行。

特此公告。

附件：增值税一般纳税人资产重组进项留抵税额转移单

国家税务总局

2012 年 12 月 13 日

附件

增值税一般纳税人资产重组进项留抵税额转移单

编号：×××县（市、区）税务资产重组留抵通知 ×× 号

原纳税人名称		原纳税人工商执照登记号	
原纳税人识别号		原纳税人一般纳税人资格认定时间	年　　月
新纳税人名称		新纳税人工商执照登记号	
新纳税人识别号		新纳税人一般纳税人资格认定时间	年　　月
原纳税人最后一次增值税纳税申报所属期	年　月　日至　年　月　日		
批准注销税务登记时间	年　　月　　日		
尚未抵扣的进项留抵税额	经审核，该纳税人在我局注销时，有尚未抵扣的进项留抵税额合计（大写）＿＿＿＿＿＿＿￥＿＿＿＿元。		
其他需要说明的事项			
税务所意见： （公章） 年　月　日	货物和劳务税科意见： （公章） 年　月　日	局长意见： （局章） 年　月　日	

注：

1. 原纳税人是指资产重组行为中将全部资产、负债和劳动力一并转出的纳税人，新纳税人是指资产重组行为中承接原纳税人全部资产、负债和劳动力的纳税人。

2. 本表由原纳税人税务机关填写并盖章确认，一式三份。原纳税人主管税务机关、新纳税人主管税务机关、新纳税人各留存一份。

（四）《跨地区经营汇总纳税企业所得税征收管理办法》

国家税务总局
关于印发《跨地区经营汇总纳税企业所得税征收管理办法》的公告

国家税务总局公告 2012 年第 57 号

为加强跨地区经营汇总纳税企业所得税的征收管理，根据《中华人民共和国企业所得税法》及其实施条例、《中华人民共和国税收征收管理法》及其实施细则和《财政部 国家税务总局 中国人民银行关于印发〈跨省市总分机构企业所得税分配及预算管理办法〉的通知》（财预〔2012〕40号）等文件的精神，国家税务总局制定了《跨地区经营汇总纳税企业所得税征收管理办法》。现予发布，自 2013 年 1 月 1 日起施行。

特此公告。

国家税务总局
2012 年 12 月 27 日

跨地区经营汇总纳税企业所得税征收管理办法

第一章 总 则

第一条 为加强跨地区经营汇总纳税企业所得税的征收管理，根据《中华人民共和国企业所得税法》及其实施条例（以下简称《企业所得税法》）、《中华人民共和国税收征收管理法》及其实施细则（以下简称《征收管理法》）

和《财政部 国家税务总局 中国人民银行关于印发〈跨省市总分机构企业所得税分配及预算管理办法〉的通知》（财预〔2012〕40号）等的有关规定，制定本办法。

第二条 居民企业在中国境内跨地区（指跨省、自治区、直辖市和计划单列市，下同）设立不具有法人资格分支机构的，该居民企业为跨地区经营汇总纳税企业（以下简称汇总纳税企业），除另有规定外，其企业所得税征收管理适用本办法。

国有邮政企业（包括中国邮政集团公司及其控股公司和直属单位）、中国工商银行股份有限公司、中国农业银行股份有限公司、中国银行股份有限公司、国家开发银行股份有限公司、中国农业发展银行、中国进出口银行、中国投资有限责任公司、中国建设银行股份有限公司、中国建银投资有限责任公司、中国信达资产管理股份有限公司、中国石油天然气股份有限公司、中国石油化工股份有限公司、海洋石油天然气企业[包括中国海洋石油总公司、中海石油（中国）有限公司、中海油田服务股份有限公司、海洋石油工程股份有限公司]、中国长江电力股份有限公司等企业缴纳的企业所得税（包括滞纳金、罚款）为中央收入，全额上缴中央国库，其企业所得税征收管理不适用本办法。

铁路运输企业所得税征收管理不适用本办法。

第三条 汇总纳税企业实行"统一计算、分级管理、就地预缴、汇总清算、财政调库"的企业所得税征收管理办法：

（一）统一计算，是指总机构统一计算包括汇总纳税企业所属各个不具有法人资格分支机构在内的全部应纳税所得额、应纳税额。

（二）分级管理，是指总机构、分支机构所在地的主管税务机关都有对当地机构进行企业所得税管理的责任，总机构和分支机构应分别接受机构所在地主管税务机关的管理。

（三）就地预缴，是指总机构、分支机构应按本办法的规定，分月或分季分别向所在地主管税务机关申报预缴企业所得税。

（四）汇总清算，是指在年度终了后，总机构统一计算汇总纳税企业的年度应纳税所得额、应纳所得税额，抵减总机构、分支机构当年已就地分期预缴的企业所得税款后，多退少补。

（五）财政调库，是指财政部定期将缴入中央国库的汇总纳税企业所得税待分配收入，按照核定的系数调整至地方国库。

第四条　总机构和具有主体生产经营职能的二级分支机构，就地分摊缴纳企业所得税。

二级分支机构，是指汇总纳税企业依法设立并领取非法人营业执照（登记证书），且总机构对其财务、业务、人员等直接进行统一核算和管理的分支机构。

第五条　以下二级分支机构不就地分摊缴纳企业所得税：

（一）不具有主体生产经营职能，且在当地不缴纳增值税、营业税的产品售后服务、内部研发、仓储等汇总纳税企业内部辅助性的二级分支机构，不就地分摊缴纳企业所得税。

（二）上年度认定为小型微利企业的，其二级分支机构不就地分摊缴纳企业所得税。

（三）新设立的二级分支机构，设立当年不就地分摊缴纳企业所得税。

（四）当年撤销的二级分支机构，自办理注销税务登记之日所属企业所得税预缴期间起，不就地分摊缴纳企业所得税。

（五）汇总纳税企业在中国境外设立的不具有法人资格的二级分支机构，不就地分摊缴纳企业所得税。

第二章 税款预缴和汇算清缴

第六条 汇总纳税企业按照《企业所得税法》规定汇总计算的企业所得税，包括预缴税款和汇算清缴应缴应退税款，50%在各分支机构间分摊，各分支机构根据分摊税款就地办理缴库或退库；50%由总机构分摊缴纳，其中25%就地办理缴库或退库，25%就地全额缴入中央国库或退库。具体的税款缴库或退库程序按照财预〔2012〕40号文件第五条等相关规定执行。

第七条 企业所得税分月或者分季预缴，由总机构所在地主管税务机关具体核定。

汇总纳税企业应根据当期实际利润额，按照本办法规定的预缴分摊方法计算总机构和分支机构的企业所得税预缴额，分别由总机构和分支机构就地预缴；在规定期限内按实际利润额预缴有困难的，也可以按照上一年度应纳税所得额的1/12或1/4，按照本办法规定的预缴分摊方法计算总机构和分支机构的企业所得税预缴额，分别由总机构和分支机构就地预缴。预缴方法一经确定，当年度不得变更。

第八条 总机构应将本期企业应纳所得税额的50%部分，在每月或季度终了后15日内就地申报预缴。总机构应将本期企业应纳所得税额的另外50%部分，按照各分支机构应分摊的比例，在各分支机构之间进行分摊，并及时通知到各分支机构；各分支机构应在每月或季度终了之日起15日内，就其分摊的所得税额就地申报预缴。

分支机构未按税款分配数额预缴所得税造成少缴税款的，主管税务机关应按照《征收管理法》的有关规定对其处罚，并将处罚结果通知总机构所在地主管税务机关。

第九条 汇总纳税企业预缴申报时，总机构除报送企业所得税预缴申报表和企业当期财务报表外，还应报送汇总纳税企业分支机构所得税分配表和各分支机构上一年度的年度财务报表（或年度财务状况和营业收支情况）；分支机构除报送企业所得税预缴申报表（只填列部分项目）外，还应报送经总机构所在地主管税务机关受理的汇总纳税企业分支机构所得税分配表。

在一个纳税年度内，各分支机构上一年度的年度财务报表（或年度财务状况和营业收支情况）原则上只需要报送一次。

第十条 汇总纳税企业应当自年度终了之日起5个月内，由总机构汇总计算企业年度应纳所得税额，扣除总机构和各分支机构已预缴的税款，计算出应缴应退税款，按照本办法规定的税款分摊方法计算总机构和分支机构的企业所得税应缴应退税款，分别由总机构和分支机构就地办理税款缴库或退库。

汇总纳税企业在纳税年度内预缴企业所得税税款少于全年应缴企业所得税税款的，应在汇算清缴期内由总、分机构分别结清应缴的企业所得税税款；预缴税款超过应缴税款的，主管税务机关应及时按有关规定分别办理退税，或者经总、分机构同意后分别抵缴其下一年度应缴企业所得税税款。

第十一条 汇总纳税企业汇算清缴时，总机构除报送企业所得税年度纳税申报表和年度财务报表外，还应报送汇总纳税企业分支机构所得税分配表、各分支机构的年度财务报表和各分支机构参与企业年度纳税调整情况的说明；分支机构除报送企业所得税年度纳税申报表（只填列部分项目）外，还应报送经总机构所在地主管税务机关受理的汇总纳税企业分支机构所得税分配表、分支机构的年度财务报表（或年度财务状况和营业收支情况）和分支机构参与企业年度纳税调整情况的说明。

分支机构参与企业年度纳税调整情况的说明，可参照企业所得税年度纳税申报表附表"纳税调整项目明细表"中列明的项目进行说明,涉及需由总机构统一计算调整的项目不进行说明。

第十二条 分支机构未按规定报送经总机构所在地主管税务机关受理的汇总纳税企业分支机构所得税分配表,分支机构所在地主管税务机关应责成该分支机构在申报期内报送,同时提请总机构所在地主管税务机关督促总机构按照规定提供上述分配表;分支机构在申报期内不提供的,由分支机构所在地主管税务机关对分支机构按照《征收管理法》的有关规定予以处罚;属于总机构未向分支机构提供分配表的,分支机构所在地主管税务机关还应提请总机构所在地主管税务机关对总机构按照《征收管理法》的有关规定予以处罚。

第三章 总分机构分摊税款的计算

第十三条 总机构按以下公式计算分摊税款:

总机构分摊税款=汇总纳税企业当期应纳所得税额×50%

第十四条 分支机构按以下公式计算分摊税款:

所有分支机构分摊税款总额=汇总纳税企业当期应纳所得税额×50%

某分支机构分摊税款=所有分支机构分摊税款总额×该分支机构分摊比例

第十五条 总机构应按照上年度分支机构的营业收入、职工薪酬和资产总额三个因素计算各分支机构分摊所得税款的比例;三级及以下分支机构,其营业收入、职工薪酬和资产总额统一计入二级分支机构;三因素的权重依次为0.35、0.35、0.30。

计算公式如下:

某分支机构分摊比例=(该分支机构营业收入/各分支机构营业收入之和)×0.35+(该分支机构职工薪酬/各分支机构职工薪酬之和)×0.35+

（该分支机构资产总额/各分支机构资产总额之和）×0.30

　　分支机构分摊比例按上述方法一经确定后，除出现本办法第五条第（四）项和第十六条第二、三款情形外，当年不作调整。

　　第十六条　总机构设立具有主体生产经营职能的部门（非本办法第四条规定的二级分支机构），且该部门的营业收入、职工薪酬和资产总额与管理职能部门分开核算的，可将该部门视同一个二级分支机构，按本办法规定计算分摊并就地缴纳企业所得税；该部门与管理职能部门的营业收入、职工薪酬和资产总额不能分开核算的，该部门不得视同一个二级分支机构，不得按本办法规定计算分摊并就地缴纳企业所得税。

　　汇总纳税企业当年由于重组等原因从其他企业取得重组当年之前已存在的二级分支机构，并作为本企业二级分支机构管理的，该二级分支机构不视同当年新设立的二级分支机构，按本办法规定计算分摊并就地缴纳企业所得税。

　　汇总纳税企业内就地分摊缴纳企业所得税的总机构、二级分支机构之间，发生合并、分立、管理层级变更等形成的新设或存续的二级分支机构，不视同当年新设立的二级分支机构，按本办法规定计算分摊并就地缴纳企业所得税。

　　第十七条　本办法所称分支机构营业收入，是指分支机构销售商品、提供劳务、让渡资产使用权等日常经营活动实现的全部收入。其中，生产经营企业分支机构营业收入是指生产经营企业分支机构销售商品、提供劳务、让渡资产使用权等取得的全部收入。金融企业分支机构营业收入是指金融企业分支机构取得的利息、手续费、佣金等全部收入。保险企业分支机构营业收入是指保险企业分支机构取得的保费等全部收入。

　　本办法所称分支机构职工薪酬，是指分支机构为获得职工提供的服务而给予各种形式的报酬以及其他相关支出。

本办法所称分支机构资产总额，是指分支机构在经营活动中实际使用的应归属于该分支机构的资产合计额。

本办法所称上年度分支机构的营业收入、职工薪酬和资产总额，是指分支机构上年度全年的营业收入、职工薪酬数据和上年度12月31日的资产总额数据，是依照国家统一会计制度的规定核算的数据。

一个纳税年度内，总机构首次计算分摊税款时采用的分支机构营业收入、职工薪酬和资产总额数据，与此后经过中国注册会计师审计确认的数据不一致的，不作调整。

第十八条　对于按照税收法律、法规和其他规定，总机构和分支机构处于不同税率地区的，先由总机构统一计算全部应纳税所得额，然后按本办法第六条规定的比例和按第十五条计算的分摊比例，计算划分不同税率地区机构的应纳税所得额，再分别按各自的适用税率计算应纳税额后加总计算出汇总纳税企业的应纳所得税总额，最后按本办法第六条规定的比例和按第十五条计算的分摊比例，向总机构和分支机构分摊就地缴纳的企业所得税款。

第十九条　分支机构所在地主管税务机关应根据经总机构所在地主管税务机关受理的汇总纳税企业分支机构所得税分配表、分支机构的年度财务报表（或年度财务状况和营业收支情况）等，对其主管分支机构计算分摊税款比例的三个因素、计算的分摊税款比例和应分摊缴纳的所得税税款进行查验核对；对查验项目有异议的，应于收到汇总纳税企业分支机构所得税分配表后30日内向企业总机构所在地主管税务机关提出书面复核建议，并附送相关数据资料。

总机构所在地主管税务机关必须于收到复核建议后30日内，对分摊税款的比例进行复核，作出调整或维持原比例的决定，并将复核结果函复分支机构所在地主管税务机关。分支机构所在地主管税务机关应执行总机构所在地主管税务机关的复核决定。

总机构所在地主管税务机关未在规定时间内复核并函复复核结果的，上级税务机关应对总机构所在地主管税务机关按照有关规定进行处理。

复核期间，分支机构应先按总机构确定的分摊比例申报缴纳税款。

第二十条　汇总纳税企业未按照规定准确计算分摊税款，造成总机构与分支机构之间同时存在一方（或几方）多缴另一方（或几方）少缴税款的，其总机构或分支机构分摊缴纳的企业所得税低于按本办法规定计算分摊的数额的，应在下一税款缴纳期内，由总机构将按本办法规定计算分摊的税款差额分摊到总机构或分支机构补缴；其总机构或分支机构就地缴纳的企业所得税高于按本办法规定计算分摊的数额的，应在下一税款缴纳期内，由总机构将按本办法规定计算分摊的税款差额从总机构或分支机构的分摊税款中扣减。

第四章　日常管理

第二十一条　汇总纳税企业总机构和分支机构应依法办理税务登记，接受所在地主管税务机关的监督和管理。

第二十二条　总机构应将其所有二级及以下分支机构（包括本办法第五条规定的分支机构）信息报其所在地主管税务机关备案，内容包括分支机构名称、层级、地址、邮编、纳税人识别号及企业所得税主管税务机关名称、地址和邮编。

分支机构（包括本办法第五条规定的分支机构）应将其总机构、上级分支机构和下属分支机构信息报其所在地主管税务机关备案，内容包括总机构、上级机构和下属分支机构名称、层级、地址、邮编、纳税人识别号及企业所得税主管税务机关名称、地址和邮编。

上述备案信息发生变化的，除另有规定外，应在内容变化后30日内报总机构和分支机构所在地主管税务机关备案，并办理变更税务登记。

分支机构注销税务登记后15日内，总机构应将分支机构注销情况报所在地主管税务机关备案，并办理变更税务登记。

第二十三条　以总机构名义进行生产经营的非法人分支机构，无法提供汇总纳税企业分支机构所得税分配表，应在预缴申报期内向其所在地主管税务机关报送非法人营业执照（或登记证书）的复印件、由总机构出具的二级及以下分支机构的有效证明和支持有效证明的相关材料（包括总机构拨款证明、总分机构协议或合同、公司章程、管理制度等），证明其二级及以下分支机构身份。

二级及以下分支机构所在地主管税务机关应对二级及以下分支机构进行审核鉴定，对应按本办法规定就地分摊缴纳企业所得税的二级分支机构，应督促其及时就地缴纳企业所得税。

第二十四条　以总机构名义进行生产经营的非法人分支机构，无法提供汇总纳税企业分支机构所得税分配表，也无法提供本办法第二十三条规定相关证据证明其二级及以下分支机构身份的，应视同独立纳税人计算并就地缴纳企业所得税，不执行本办法的相关规定。

按上款规定视同独立纳税人的分支机构，其独立纳税人身份一个年度内不得变更。

汇总纳税企业以后年度改变组织结构的，该分支机构应按本办法第二十三条规定报送相关证据，分支机构所在地主管税务机关重新进行审核鉴定。

第二十五条　汇总纳税企业发生的资产损失，应按以下规定申报扣除：

201

（一）总机构及二级分支机构发生的资产损失，除应按专项申报和清单申报的有关规定各自向所在地主管税务机关申报外，二级分支机构还应同时上报总机构；三级及以下分支机构发生的资产损失不需向所在地主管税务机关申报，应并入二级分支机构，由二级分支机构统一申报。

（二）总机构对各分支机构上报的资产损失，除税务机关另有规定外，应以清单申报的形式向所在地主管税务机关申报。

（三）总机构将分支机构所属资产捆绑打包转让所发生的资产损失，由总机构向所在地主管税务机关专项申报。

二级分支机构所在地主管税务机关应对二级分支机构申报扣除的资产损失强化后续管理。

第二十六条 对于按照税收法律、法规和其他规定，由分支机构所在地主管税务机关管理的企业所得税优惠事项，分支机构所在地主管税务机关应加强审批（核）、备案管理，并通过评估、检查和台账管理等手段，加强后续管理。

第二十七条 总机构所在地主管税务机关应加强对汇总纳税企业申报缴纳企业所得税的管理，可以对企业自行实施税务检查，也可以与二级分支机构所在地主管税务机关联合实施税务检查。

总机构所在地主管税务机关应对查实项目按照《企业所得税法》的规定统一计算查增的应纳税所得额和应纳税额。

总机构应将查补所得税款（包括滞纳金、罚款，下同）的50%按照本办法第十五条规定计算的分摊比例，分摊给各分支机构（不包括本办法第五条规定的分支机构）缴纳，各分支机构根据分摊查补税款就地办理缴库；50%分摊给总机构缴纳，其中25%就地办理缴库，25%就地全额缴入中央国库。具体的税款缴库程序按照财预〔2012〕40号文件第五条等相关规定执行。

汇总纳税企业缴纳查补所得税款时，总机构应向其所在地主管税务机关报送汇总纳税企业分支机构所得税分配表和总机构所在地主管税务机关出具的税务检查结论，各分支机构也应向其所在地主管税务机关报送经总机构所在地主管税务机关受理的汇总纳税企业分支机构所得税分配表和税务检查结论。

第二十八条 二级分支机构所在地主管税务机关应配合总机构所在地主管税务机关对其主管二级分支机构实施税务检查，也可以自行对该二级分支机构实施税务检查。

二级分支机构所在地主管税务机关自行对其主管二级分支机构实施税务检查，可对查实项目按照《企业所得税法》的规定自行计算查增的应纳税所得额和应纳税额。

计算查增的应纳税所得额时，应减除允许弥补的汇总纳税企业以前年度亏损；对于需由总机构统一计算的税前扣除项目，不得由分支机构自行计算调整。

二级分支机构应将查补所得税款的50%分摊给总机构缴纳，其中25%就地办理缴库，25%就地全额缴入中央国库；50%分摊给该二级分支机构就地办理缴库。具体的税款缴库程序按照财预〔2012〕40号文件第五条等相关规定执行。

汇总纳税企业缴纳查补所得税款时，总机构应向其所在地主管税务机关报送经二级分支机构所在地主管税务机关受理的汇总纳税企业分支机构所得税分配表和二级分支机构所在地主管税务机关出具的税务检查结论，二级分支机构也应向其所在地主管税务机关报送汇总纳税企业分支机构所得税分配表和税务检查结论。

第二十九条　税务机关应将汇总纳税企业总机构、分支机构的税务登记信息、备案信息、总机构出具的分支机构有效证明情况及分支机构审核鉴定情况、企业所得税月（季）度预缴纳税申报表和年度纳税申报表、汇总纳税企业分支机构所得税分配表、财务报表（或年度财务状况和营业收支情况）、企业所得税款入库情况、资产损失情况、税收优惠情况、各分支机构参与企业年度纳税调整情况的说明、税务检查及查补税款分摊和入库情况等信息，定期分省汇总上传至国家税务总局跨地区经营汇总纳税企业管理信息交换平台。

第三十条　2008年年底之前已成立的汇总纳税企业，2009年起新设立的分支机构，其企业所得税的征管部门应与总机构企业所得税征管部门一致；2009年起新增汇总纳税企业，其分支机构企业所得税的管理部门也应与总机构企业所得税管理部门一致。

第三十一条　汇总纳税企业不得核定征收企业所得税。

第五章　附　则

第三十二条　居民企业在中国境内没有跨地区设立不具有法人资格分支机构，仅在同一省、自治区、直辖市和计划单列市（以下称同一地区）内设立不具有法人资格分支机构的，其企业所得税征收管理办法，由各省、自治区、直辖市和计划单列市税务局参照本办法联合制定。

居民企业在中国境内既跨地区设立不具有法人资格分支机构，又在同一地区内设立不具有法人资格分支机构的，其企业所得税征收管理实行本办法。

第三十三条　本办法自2013年1月1日起施行。

《国家税务总局关于印发〈跨地区经营汇总纳税企业所得税征收管理暂行办法〉的通知》（国税发〔2008〕28号）、《国家税务总局关于跨地区经营汇总纳税企业所得税征收管理有关问题的通知》（国税函〔2008〕747号）、《国家税务总局关于跨地区经营外商独资银行汇总纳税问题的通知》（国税函〔2008〕958号）、《国家税务总局关于华能国际电力股份有限公司汇总计算缴纳企业所得税问题的通知》（国税函〔2009〕33号）、《国家税务总局关于跨地区经营汇总纳税企业所得税征收管理若干问题的通知》（国税函〔2009〕221号）和《国家税务总局关于华能国际电力股份有限公司所属分支机构2008年度预缴企业所得税款问题的通知》（国税函〔2009〕674号）同时废止。

《国家税务总局关于发布〈中华人民共和国企业所得税月（季）度预缴纳税申报表〉等报表的公告》（税务总局公告2011年第64号）和《国家税务总局关于发布〈中华人民共和国企业所得税月（季）度预缴纳税申报表〉等报表的补充公告》（税务总局公告2011年第76号）规定与本办法不一致的，按本办法执行。

注：

废止第二十四条第三款"汇总纳税企业以后年度改变组织结构的，该分支机构应按本办法第二十三条规定报送相关证据，分支机构所在地主管税务机关重新进行审核鉴定"的规定。参见《国家税务总局关于3项企业所得税事项取消审批后加强后续管理的公告》（国家税务总局公告2015年第6号）。

《国家税务总局关于修改部分税收规范性文件的公告》（国家税务总局公告2018年第31号）对本文件第三十二条进行了修改。

（五）《企业注销指引（2023年修订）》

市场监管总局 海关总署 税务总局关于发布
《企业注销指引（2023年修订）》的公告

（2023年第58号）

为进一步落实国务院完善企业（含农民专业合作社、个体工商户，下同）退出制度的工作要求，为企业依法退出市场提供操作性更强的行政指导，市场监管总局、海关总署、税务总局依据《中华人民共和国公司法》《市场主体登记管理条例》等法律法规的规定，对《企业注销指引（2021年修订）》进行了修订，现予以公告。

市场监管总局

海关总署

税务总局

2023年12月21日

企业注销指引（2023年修订）

一、企业退出市场基本程序

通常情况下，企业终止经营活动退出市场，需要经历决议解散、清算分配和注销登记三个主要过程。例如，按照《公司法》规定，公司正式终止前，须依法宣告解散、成立清算组进行清算、清理公司财产、清缴税款、清理债权债务、支付职工工资、社会保险费用等，待公司清算结束后，应制作清算报告并办理注销公司登记，公告公司终止。

二、企业注销事由

企业因解散、被宣告破产或者其他法定事由需要终止的，应当依法向登记机关申请注销登记。经登记机关注销登记，企业终止。企业注销依法须经批准的，应当经批准后向登记机关申请注销登记。

（一）解散。

1. 自愿解散。指基于公司股东会或者股东大会、非公司企业法人出资人（主管部门）、合伙企业合伙人、个人独资企业投资人、农民专业合作社（联合社）成员大会或者成员代表大会、个体工商户经营者，或者分支机构隶属企业（单位）的意愿进行解散。如公司解散情形包括：公司章程规定的营业期限届满或者公司章程规定的其他解散事由出现；股东会或者股东大会决议解散；因公司合并或者分立需要解散等。合伙企业解散情形包括：全体合伙人决定解散；合伙协议约定的解散事由出现；合伙期限届满，合伙人决定不再经营等。个人独资企业解散情形包括：投资人决定解散等。农民专业合作社（联合社）解散情形包括：成员大会决议解散；章程规定的解散事由出现等。

2. 强制解散。通常分为行政决定解散与人民法院判决解散。行政决定解散，包括依法被吊销营业执照、责令关闭或者被撤销。人民法院判决解散，按照《公司法》规定，因公司经营管理发生严重困难，继续存续会使股东利益受到重大损失，通过其他途径不能解决的，持有公司全部股东表决权百分之十以上的股东，请求人民法院解散公司的情形。

（二）破产。企业被宣告破产是指根据《企业破产法》等规定，企业不能清偿到期债务，并且资产不足以清偿全部债务或者明显缺乏清偿能力的，经人民法院审查属实，企业没有进行和解或重整，被人民法院宣告破产。

三、企业清算流程

依法开展清算是企业注销前的法定义务。《民法典》规定，法人解散的，除合并或者分立的情形外，清算义务人应当及时组成清算组进行清算。非法人组织解散的，应当依法进行清算。清算的重要内容是企业清理各类资产，清结各项债权债务。清算的目的在于保护债权人的利益、投资人的利益、企业的利益、职工的利益以及社会公共利益。法人的清算程序和清算组职权，依照有关法律的规定；没有规定的，参照适用公司法律的有关规定。

（一）成立清算组。《民法典》规定，法人的董事、理事等执行机构或者决策机构的成员为清算义务人。法律、行政法规另有规定的，依照其规定。清算义务人未及时履行清算义务，造成损害的，应当承担民事责任；主管机关或者利害关系人可以申请人民法院指定有关人员组成清算组进行清算。

1. 公司清算组。公司在解散事由出现之日起15日内成立清算组，负责清理公司的财产和债权债务。有限责任公司的清算组由公司股东组成，股份有限公司的清算组由董事或者股东大会确定的人员组成。逾期不成立清算组进行清算的，债权人、股东、董事或其他利害关系人可以申请人民法院指定有关人员组成清算组进行清算。清算组的选任在遵守法律法规强制性规定的同时，应充分尊重公司意愿，公司章程中可以预先确定清算组人员，也可以在章程中规定清算组成员选任的决议方式。对于章程中没有规定或者规定不明确的，股东会或者股东大会可以通过普通决议或者特别决议的方式选任清算组成员。有限责任公司清算组成员在公司股东中选任，既可以是全体股东，也可以是部分股东。股份有限公司清算组成员可以是全体董事，也可以是部分董事，或者由股东大会确定清算组成员。

清算组的选任，公司可以结合规模大小和清算事务工作量的多少，充分考虑能否便于公司清算的顺利进行和迅速完结，以及以较低清算成本完成清算事务。鼓励熟悉公司事务的内部人员以及具备审计、财会专业知识的机构、人员担任清算组成员。

清算组成员除可以为自然人外，也可以为法人或者其他组织；成员为法人或者其他组织的，应指派相关人员参与清算。一人有限责任公司的清算组成员，可以仅由该一人股东担任。清算组负责人由股东会或者股东大会在清算组成员中指定。

2.非公司企业法人清算组。非公司企业法人可以由出资人（主管部门）自行或者组织有关人员进行清算。

3.合伙企业清算人。合伙企业解散，应当由清算人进行清算。清算人由全体合伙人担任；经全体合伙人过半数同意，可以自合伙企业解散事由出现后十五日内指定一个或者数个合伙人，或者委托第三人，担任清算人。自合伙企业解散事由出现之日起十五日内未确定清算人的，合伙人或者其他利害关系人可以申请人民法院指定清算人。合伙企业的清算人可以为全部合伙人，经全体合伙人过半数同意，也可以为一个或者部分合伙人，或者为合伙人以外的第三人，也可以为合伙人与第三人共同组成清算人开展清算活动。

4.个人独资企业清算人。个人独资企业解散，由投资人自行清算或者由债权人申请人民法院指定清算人进行清算。

5.农民专业合作社（联合社）清算组。农民专业合作社（联合社）解散的，应当在解散事由出现之日起十五日内由成员大会推举成员组成清算组，开始解散清算。逾期不能组成清算组的，成员、债权人可以向人民法院申请指定成员组成清算组进行清算。

（二）清算组的职责。以公司为例，清算组在公司清算过程中，具有对内执行清算业务，对外代表清算中公司的职权。公司依法清算结束并办理注销登记前，有关公司的民事诉讼，应当以公司的名义进行。公司成立清算组的，由清算组负责人代表公司参加诉讼；尚未成立清算组的，由原法定代表人代表公司参加诉讼。

清算组所能执行的公司事务是以清算为目的的事务，而非所有事务。由于清算中的公司仍具有主体资格，清算组不能取代股东会、股东大会和监事会的职权，股东会、股东大会仍然是公司的权力机构，清算组应及时向股东会、股东大会报告清算进展情况，对清算组的选解任、清算方案的确认、清算报告的确认等公司的重大事项仍由股东会、股东大会决定。清算组的清算工作仍然受公司监督机构监事会的监督，监事会及时提醒和纠正清算组的不当和违规行为。

清算组成员应当忠于职守，依法履行清算义务。清算组成员不得利用职权收受贿赂或者其他非法收入，不得侵占公司财产。清算组成员因故意或者重大过失给公司或者债权人造成损失的，应当承担赔偿责任。其他经营主体的清算组（人）的地位参照公司清算组适用。

（三）发布清算组信息和债权人公告。清算组自成立之日起10日内，应通过国家企业信用信息公示系统公告清算组信息。同时，清算组应及时通知债权人，并于60日内通过国家企业信用信息公示系统免费向社会发布债权人公告，也可依法通过报纸发布，公告期为45日（个人独资企业无法通知债权人的，公告期为60日）。市场监管部门同步向税务部门共享清算组信息。

1.发布清算组信息。依照相关法律法规，公司、合伙企业、农民专业合作社（联合社）需要依法公告清算组信息，非公司企业法人由主管部门、个人独资企业由投资人自行组织清算，无需公告清算组信息。

附 录

企业应通过国家企业信用信息公示系统公告清算组信息,主要包括:名称、统一社会信用代码/注册号、登记机关、清算组成立日期、注销原因、清算组办公地址、清算组联系电话、清算组成员(姓名/名称、证件类型/证照类型、证件号码/证照号码、联系电话、地址、是否为清算组负责人)等。

2.发布债权人公告。(1)公司清算组应当自成立之日起十日内通知债权人,并于六十日内公告。债权人应当自接到通知书之日起三十日内,未接到通知书的自公告之日起四十五日内,向清算组申报其债权。(2)合伙企业清算人自被确定之日起十日内将合伙企业解散事项通知债权人,并于六十日内发布债权人公告。债权人应当自接到通知书之日起三十日内,未接到通知书的自公告之日起四十五日内,向清算人申报债权。(3)个人独资企业投资人自行清算的,应当在清算前十五日内书面通知债权人,无法通知的,应当发布债权人公告。债权人应当在接到通知之日起三十日内,未接到通知的应当在公告之日起六十日内,向投资人申报其债权。(4)农民专业合作社(联合社)清算组应当自成立之日起十日内通知农民专业合作社(联合社)成员和债权人,并于六十日内发布债权人公告。债权人应当自接到通知之日起三十日内,未接到通知的自公告之日起四十五日内,向清算组申报债权。(5)非公司企业法人发布债权人公告的,可通过报纸或国家企业信用信息公示系统发布。

债权人公告的信息主要包括:名称、统一社会信用代码/注册号、登记机关、公告期自、公告期至、公告内容、债权申报联系人、债权申报联系电话、债权申报地址。

(四)开展清算活动。清算组负责清理企业财产,分别编制资产负债表和财产清单;处理与清算有关的未了结的业务;结清职工工资;缴纳行政机关、司法机关的罚款和罚金;向海关和税务机关清缴所欠税款以及清算过程中产生的税款并办理相关手续，包括滞纳金、罚款、缴纳减免税货物提前解除海关监管需补缴税款以及提交相关需补办许可证件，办理企业所得税清算、办理土地增值税清算、结清出口退（免）税款、缴销发票和税控设备等；合伙企业、个人独资企业的清算所得应当视为年度生产经营所得，由投资者依法缴纳个人所得税；存在涉税违法行为的纳税人应当接受处罚，缴纳罚款；结清欠缴的社会保险费、滞纳金、罚款；清理债权、债务；处理企业清偿债务后的剩余财产；代表企业参加民事诉讼活动；办理分支机构注销登记；处理对外投资、股权出质等。

（五）分配剩余财产。以公司为例，清算组在清理公司财产、编制资产负债表和财产清单后，应当制定清算方案，并报股东会、股东大会或者人民法院确认。公司财产在分别支付清算费用、职工的工资、社会保险费用和法定补偿金，缴纳所欠税款，清偿公司债务后的剩余财产，有限责任公司按照股东的出资比例分配，股份有限公司按照股东持有的股份比例分配。清算期间，公司存续，但不得开展与清算无关的经营活动。公司财产在未依照前款规定清偿前，不得分配给股东。

（六）制作清算报告。1.公司清算组在清算结束后，应制作清算报告，报股东会、股东大会确认。其中，有限责任公司股东会对清算报告确认，必须经代表2/3以上表决权的股东签署确认；股份有限公司股东大会对清算报告确认，须由股东大会会议主持人及出席会议的董事签字确认。国有独资公司由国务院、地方人民政府或者其授权的本级人民政府国有资产监督管理机构签署确认。2.非公司企业法人应持清算报告或者出资人（主管部门）负责清理债权债务的文件办理注销登记，清算报告和负责清理债权债务的文件应由非公司企业法人的出资人（主管部门）签署确认。3.合伙企业的清算报告由全体合伙人签署确认。4.个人独资企业的清算报告由投资人签署确认。5.农民专业合作社（联合社）的清算报告由成员大会、成员代表大会确认，由本社成员表决权总数2/3以上成员签署确认。6.对于人民法院组织清算的，清算报告由人民法院确认。

四、企业办理注销登记

企业在完成清算后，需要分别注销税务登记、企业登记、社会保险登记，涉及海关报关等相关业务的企业，还需要办理海关报关单位备案注销等事宜。

（一）普通注销流程

1.申请注销税务登记。

纳税人向税务部门申请办理注销时，税务部门进行税务注销预检，检查纳税人是否存在未办结事项。

（1）未办理过涉税事宜的纳税人，主动到税务部门办理清税的，税务部门可根据纳税人提供的营业执照即时出具清税文书。

（2）符合容缺即时办理条件的纳税人，在办理税务注销时，资料齐全的，税务部门即时出具清税文书；若资料不齐，可在作出承诺后，税务部门即时出具清税文书。纳税人应按承诺的时限补齐资料并办结相关事项。具体条件是：

①办理过涉税事宜但未领用发票（含代开发票）、无欠税（滞纳金）及罚款且没有其他未办结事项的纳税人，主动到税务部门办理清税的。

②未处于税务检查状态、无欠税（滞纳金）及罚款、已缴销增值税专用发票及税控设备，且符合下列情形之一的纳税人：

纳税信用级别为A级和B级的纳税人；

控股母公司纳税信用级别为A级的M级纳税人；

省级人民政府引进人才或经省级以上行业协会等机构认定的行业领军

人才等创办的企业；

未纳入纳税信用级别评价的定期定额个体工商户；

未达到增值税纳税起征点的纳税人。

（3）不符合承诺制容缺即时办理条件的（或虽符合承诺制容缺即时办理条件但纳税人不愿意承诺的），税务部门向纳税人出具《税务事项通知书》（告知未结事项），纳税人先行办理完毕各项未结事项后，方可申请办理税务注销。

（4）经人民法院裁定宣告破产或强制清算的企业，管理人持人民法院终结破产程序裁定书或强制清算程序的裁定申请税务注销的，税务部门即时出具清税文书。

（5）纳税人办理税务注销前，无需向税务机关提出终止"委托扣款协议书"申请。税务机关办结税务注销后，委托扣款协议自动终止。

（6）注意事项。对于存在依法应在税务注销前办理完毕但未办结的涉税事项的，企业应办理完毕后再申请注销。对于存在未办结涉税事项且不符合承诺制容缺即时办理条件的，税务机关不予注销。例如，持有股权、股票等权益性投资、债权性投资或土地使用权、房产等资产未依法清算缴税的；合伙企业、个人独资企业未依法清算缴纳个人所得税的；出口退税企业未结清出口退（免）税款等情形的不予注销。

2.申请注销企业登记。清算组向登记机关提交注销登记申请书、注销决议或者决定、经确认的清算报告和清税证明等相关材料申请注销登记。登记机关和税务机关已共享企业清税信息的，企业无需提交纸质清税证明文书；领取了纸质营业执照正副本的，缴回营业执照正副本，营业执照遗失的，可通过国家企业信用信息公示系统或公开发行的报纸发布营业执照作废声明。国有独资公司申请注销登记，还应当提交国有资产监督管理机构的决定，其中，国务院确定的重要的国有独资公司，还应当提交本级人民政府的批准文件复印件。仅通过报纸发布债权人公告的，需要提交依法刊登公告的报纸报样。企业申请注销登记前，应当依法办理分支机构注销登记，并处理对外投资的企业转让或注销事宜。

3.申请注销社会保险登记。企业应当自办理企业注销登记之日起30日内，向原社会保险登记机构提交注销社会保险登记申请和其他有关注销文件，办理注销社会保险登记手续。企业应当结清欠缴的社会保险费、滞纳金、罚款后，办理注销社会保险登记。

4.申请办理海关报关单位备案注销。涉及海关报关相关业务的企业，可通过国际贸易"单一窗口"（http://www.singlewindow.cn）、"互联网+海关"（http://online.customs.gov.cn）等方式向海关提交报关单位注销申请，也可通过市场监管部门与海关联网的注销"一网"服务平台提交注销申请。对于已在海关备案，存在欠税（含滞纳金）、罚款及其他应办结的海关手续的报关单位，应当在注销前办结海关有关手续。报关单位备案注销后，向市场监管部门申请注销企业登记。

（二）简易注销流程

1.适用对象。

未发生债权债务或已将债权债务清偿完结的企业（上市股份有限公司除外）。企业在申请简易注销登记时，不应存在未结清清偿费用、职工工资、社会保险费用、法定补偿金、应缴纳税款（滞纳金、罚款）等债权债务。

企业有下列情形之一的，不适用简易注销程序：法律、行政法规或者国务院决定规定在注销登记前须经批准的；被吊销营业执照、责令关闭、撤销；在经营异常名录或者市场监督管理严重违法失信名单中；存在股权（财产份额）被冻结、出质或者动产抵押，或者对其他企业存在投资；尚持有股权、股票等权益性投资、债权性投资或土地使用权、房产等资产的；未依法办理所得税清算申报或有清算所得未缴纳所得税的；正在被立案调查或者采取行政强制，正在诉讼或仲裁程序中；受到罚款等行政处罚尚未执行完毕；不适用简易注销登记的其他情形。

企业存在"被列入企业经营异常名录""存在股权（财产份额）被冻结、出质或动产抵押等情形""企业所属的非法人分支机构未办注销登记的"等三种不适用简易注销登记程序的情形，无需撤销简易注销公示，待异常状态消失后可再次依程序公示申请简易注销登记。对于承诺书文字、形式填写不规范的，市场监管部门在企业补正后予以受理其简易注销申请，无需重新公示。

符合市场监管部门简易注销条件，未办理过涉税事宜，办理过涉税事宜但未领用发票（含代开发票）、无欠税（滞纳金）及罚款且没有其他未办结涉税事项的纳税人，免予到税务部门办理清税证明，可直接向市场监管部门申请简易注销。

2. 办理流程。

（1）符合适用条件的企业登录注销"一网"服务平台或国家企业信用信息公示系统《简易注销公告》专栏，主动向社会公告拟申请简易注销登记及全体投资人承诺等信息，公示期为20日。

（2）公示期内，有关利害关系人及相关政府部门可以通过国家企业信用信息公示系统《简易注销公告》专栏"异议留言"功能提出异议并简要陈述理由。超过公示期，公示系统不再接受异议。

（3）税务部门通过信息共享获取市场监管部门推送的拟申请简易注销登记信息后，应按照规定的程序和要求，查询税务信息系统核实相关涉税、涉及社会保险费情况，对经查询系统显示为以下情形的纳税人，税务部门不提出异议：一是未办理过涉税事宜的纳税人；二是办理过涉税事宜但未领用发票（含代开发票）、无欠税（滞纳金）及罚款且没有其他未办结涉税事项的纳税人；三是查询时已办结缴销发票、结清应纳税款等清税手续的纳税人；四是无欠缴社会保险费、滞纳金、罚款。

（4）公示期届满后，公示期内无异议的，企业可以在公示期满之日起20日内向登记机关办理简易注销登记。期满未办理的，登记机关可根据实际情况予以延长时限，宽展期最长不超过30日，即企业最晚应当在公示期满之日起50日内办理简易注销登记。企业在公示后，不得从事与注销无关的生产经营活动。

3.个体工商户简易注销。

营业执照和税务登记证"两证整合"改革实施后设立登记的个体工商户通过简易程序办理注销登记的，无需提交承诺书，也无需公示。个体工商户在提交简易注销登记申请后，市场监管部门应当在1个工作日内将个体工商户拟申请简易注销登记的相关信息通过省级统一的信用信息共享交换平台、政务信息平台、部门间的数据接口（统称信息共享交换平台）推送给同级税务等部门，税务等部门于10日内反馈是否同意简易注销。对于税务等部门无异议的，市场监管部门应当及时办理简易注销登记。具体请参照《市场监管总局 国家税务总局关于进一步完善简易注销登记便捷中小微企业市场退出的通知》（国市监注发〔2021〕45号）办理。

五、特殊情形办理指引

（一）存在股东失联、不配合等问题。对有限责任公司存在股东失联、不配合等情况难以注销的，经书面及报纸（或国家企业信用信息公示系统）公告通知全体股东，召开股东会形成符合法律及章程规定表决比例的决议、成立清算组后，向企业登记机关申请办理注销登记。

（二）存在无法自行组织清算问题。对于企业已出现解散事宜，但负有清算义务的投资人拒不履行清算义务或者因无法取得联系等情形不能成立清算组进行清算的，债权人、股东、利害关系人等可依照《公司法》《合伙企业法》《个人独资企业法》《农民专业合作社法》等法律法规的规定，申请人民法院指定有关人员组成清算组进行清算。清算组在清理财产、编制资产负债表和财产清单后，发现企业财产不足清偿债务的，应当依法向人民法院申请宣告破产。人民法院裁定强制清算或裁定宣告破产的，企业清算组、破产管理人可持人民法院终结强制清算程序的裁定或终结破产程序的裁定，直接向登记机关申请办理注销登记。

（三）存在无法登录国家企业信用信息公示系统发布清算组信息和债权人公告的问题。在办理注销登记中，对未在登记机关取得登记联络员备案的企业，可以向登记机关进行联络员备案后，登录国家企业信用信息公示系统发布清算组信息和债权人公告。企业登记联络员变更的，应当及时进行变更备案。对于吊销企业存在类似问题的，也可以采取备案联络员的方式通过国家企业信用信息公示系统发布公告。

（四）存在营业执照、公章遗失的问题。企业向登记机关、税务机关申请办理注销，存在营业执照、公章遗失的情况，按以下要求办理：1.对于营业执照遗失的企业，在国家企业信用信息公示系统或公开发行的报纸进行执照遗失公告，无需申请补发营业执照。2.非公司企业法人公章遗失的，由其上级主管单位法定代表人签字并加盖上级主管单位公章进行确认，相关注销材料可不盖公章。3.公司公章遗失的，由符合公司法和章程规定表决权要求的股东签字盖章进行确认，相关注销材料可不盖公章。4.农民专业合作社（联合社）有前述第3种情况的，可参照执行。5.合伙企业和个人独资企业公章遗失的，由全体合伙人签字盖章、投资人签字进行确认，相关注销材料可不盖公章。

（五）存在营业执照拒不缴回或无法缴回问题。登记机关依法作出注销登记决定后，30天后企业仍拒不缴回或者无法缴回营业执照的，由登记机关通过国家企业信用信息公示系统公告营业执照作废。

（六）存在股东（出资人）已注销、死亡问题。因股东（出资人）已注销却未清理对外投资，导致被投资主体无法注销的，其股东（出资人）有上级主管单位的，由已注销主体的上级主管单位依规定办理相关注销手续；已注销企业有合法继受主体的，可由继受主体依有关规定申请办理；已注销企业无合法继受主体的，由已注销企业注销时登记在册的股东（出资人）申请办理。因自然人股东死亡，导致其出资的企业难以办理注销登记的，可以由其有权继承人代位办理注销。有权继承人需提交身份证明和有关继承证明材料。

（七）存在分支机构隶属企业已注销问题。企业申请注销登记前，应当依法办理分支机构注销登记。因隶属企业已注销却未办理分支机构注销登记，导致分支机构无法注销的，已注销企业有合法的继受主体的，可由继受主体依有关规定申请办理；已注销企业无合法继受主体的，由已注销企业注销时登记在册的股东（出资人）申请办理。

（八）存在法定代表人宣告失踪、死亡或不配合办理注销登记的问题。1.公司存在法定代表人宣告失踪、死亡或不配合等情况需办理简易注销登记的，凭法定代表人任免职有关文件，同步办理法定代表人变更登记，由新法定代表人签署《企业注销登记申请书》。合伙企业、农民专业合作社（联合社）参照执行。2.非公司企业法人存在法定代表人宣告失踪、死亡或不配合等情况需办理注销登记的，凭法定代表人任免职有关文件，同步办理法定代表人变更登记，由新法定代表人签署《企业注销登记申请书》。

（九）已吊销企业办理注销问题。

1.对于尚未更换加载统一社会信用代码营业执照即被吊销的企业（个体工商户除外），市场监管部门已就此类企业进行了统一社会信用代码赋码，企业在相关部门办理注销业务时可使用其统一社会信用代码办理，无需更换加载统一社会信用代码营业执照。吊销未注销企业，无法出具吊销证明文件原件的，可提交吊销公告的网站截图、国家企业信用信息公示系统截图或登记机关出具的企业查询单。若登记机关可以自主查询到企业的吊销状态，不再要求企业提供上述材料。

2.纳税人被登记机关吊销营业执照或者被其他机关撤销登记的，应当自营业执照被吊销或者被撤销登记之日起15日内，向原税务登记机关申报办理税务注销。

（十）其他问题。

处于税务非正常状态纳税人在办理税务注销前，需先解除非正常状态，补办纳税申报手续。符合以下情形的，税务机关可打印相应税种和相关附加的《批量零申报确认表》，经纳税人确认后，进行批量处理：

1.非正常状态期间增值税、消费税和相关附加需补办的申报均为零申报的；

2.非正常状态期间企业所得税、个人所得税月（季）度预缴需补办的申报均为零申报，且不存在弥补前期亏损情况的。

六、注销法律责任及有关规定提示

（一）公司在合并、分立、减少注册资本或者进行清算时，不依照本法规定通知或者公告债权人的，由公司登记机关责令改正，对公司处以一万元以上十万元以下的罚款。公司在进行清算时，隐匿财产，对资产负债表或者财产清单作虚假记载或者在未清偿债务前分配公司财产的，由公司登记机关责令改正，对公司处以隐匿财产或者未清偿债务前分配公司财产金额百分之五以上百分之十以下的罚款；对直接负责的主管人员和其他直接责任人员处以一万元以上十万元以下的罚款。（《公司法》第二百零四条）

（二）公司在清算期间开展与清算无关的经营活动的，由公司登记机关予以警告，没收违法所得。（《公司法》第二百零五条）

（三）清算组不依照本法规定向公司登记机关报送清算报告，或者报送清算报告隐瞒重要事实或者有重大遗漏的，由公司登记机关责令改正。清算组成员利用职权徇私舞弊、谋取非法收入或者侵占公司财产的，由公司登记机关责令退还公司财产，没收违法所得，并可以处以违法所得一倍以上五倍以下的罚款。（《公司法》第二百零六条）

（四）公司清算时，清算组未按照规定履行通知和公告义务，导致债权人未及时申报债权而未获清偿，清算组成员对因此造成的损失承担赔偿责任。（依据最高人民法院关于适用《中华人民共和国公司法》若干问题的规定（二）第十一条）

（五）清算组执行未经确认的清算方案给公司或者债权人造成损失，公司、股东或者债权人主张清算组成员承担赔偿责任的，人民法院应依法予以支持。（依据最高人民法院关于适用《中华人民共和国公司法》若干问题的规定（二）第十五条）

（六）有限责任公司的股东、股份有限公司的董事和控股股东未在法定期限内成立清算组开始清算，导致公司财产贬值、流失、毁损或者灭失，债权人主张其在造成损失范围内对公司债务承担赔偿责任的，人民法院应依法予以支持。（依据最高人民法院关于适用《中华人民共和国公司法》若干问题的规定（二）第十八条第一款）

（七）有限责任公司的股东、股份有限公司的董事和控股股东因怠于履行义务，导致公司主要财产、账册、重要文件等灭失，无法进行清算，债权人主张其对公司债务承担连带清偿责任的，人民法院应依法予以支持。（依据最高人民法院关于适用《中华人民共和国公司法》若干问题的规定（二）第十八条第二款）

（八）有限责任公司的股东、股份有限公司的董事和控股股东，以及公司的实际控制人在公司解散后，恶意处置公司财产给债权人造成损失，或者未经依法清算，以虚假的清算报告骗取公司登记机关办理法人注销登记，债权人主张其对公司债务承担相应赔偿责任的，人民法院应依法予以支持。（依据最高人民法院关于适用《中华人民共和国公司法》若干问题的规定（二）第十九条）

（九）公司解散应当在依法清算完毕后，申请办理注销登记。公司未经清算即办理注销登记，导致公司无法进行清算，债权人主张有限责任公司的股东、股份有限公司的董事和控股股东，以及公司的实际控制人对公司债务承担清偿责任的，人民法院应依法予以支持。（依据最高人民法院关于适用《中华人民共和国公司法》若干问题的规定（二）第二十条第一款）

（十）公司未经依法清算即办理注销登记，股东或者第三人在公司登记机关办理注销登记时承诺对公司债务承担责任，债权人主张其对公司债务承担相应民事责任的，人民法院应依法予以支持。（依据最高人民法院关于适用《中华人民共和国公司法》若干问题的规定（二）第二十条第二款）

（十一）公司财产不足以清偿债务时，债权人主张未缴出资股东，以及公司设立时的其他股东或者发起人在未缴出资范围内对公司债务承担连带清偿责任的，人民法院应依法予以支持。（依据最高人民法院关于适用《中华人民共和国公司法》若干问题的规定（二）第二十二条第二款）

（十二）清算组成员从事清算事务时，违反法律、行政法规或者公司章程给公司或者债权人造成损失，公司或者债权人主张其承担赔偿责任的，人民法院应依法予以支持。（依据最高人民法院关于适用《中华人民共和国公司法》若干问题的规定（二）第二十三条第一款）

（十三）企业在注销登记中提交虚假材料或者采取其他欺诈手段隐瞒重要事实取得注销登记的，登记机关可以依法作出撤销注销登记等处理，在恢复企业主体资格的同时，对符合《市场监督管理严重违法失信名单管理办法》第十条规定的，将该企业列入严重违法失信名单，并通过国家企业信用信息公示系统公示。（依据《市场主体登记管理条例》第四十条，《市场监督管理严重违法失信名单管理办法》第十条第（二）项）

（十四）企业应当在办理注销登记前，就其清算所得向税务机关申报并依法缴纳企业所得税。（依据《企业所得税法》第五十五条第二款）

（十五）个体工商户终止生产经营的，应在办理注销登记前，向主管税务机关结清有关纳税事宜。（依据《个体工商户个人所得税计税办法》（国家税务总局令第35号）第四十一条）

（十六）合伙企业和个人独资企业进行清算时，投资者应当在注销登记前，向主管税务机关结清有关税务事宜。企业的清算所得应当视为年度生产经营所得，由投资者依法缴纳个人所得税。（依据《财政部 国家税务总局关于印发〈关于个人独资企业和合伙企业投资者征收个人所得税的规定〉的通知》（财税〔2000〕91号）第十六条）

（十七）企业由法人转变为个人独资企业、合伙企业等非法人组织，或将登记注册地转移至中华人民共和国境外（包括港澳台地区），应视同企业进行清算、分配，股东重新投资成立新企业。企业的全部资产以及股东投资的计税基础均应以公允价值为基础确定。（依据《财政部 国家税

务总局关于企业重组业务企业所得税处理若干问题的通知》第四条第一款）

（十八）纳税人未按照规定的期限申报办理税务注销的，由税务机关责令限期改正，可以处二千元以下的罚款；情节严重的，处二千元以上一万元以下的罚款。（依据《税收征收管理法》第六十条第一款）

（十九）纳税人伪造、变造、隐匿、擅自销毁账簿、记账凭证，或者在账簿上多列支出或者不列、少列收入，或者经税务机关通知申报而拒不申报或者进行虚假的纳税申报，不缴或者少缴应纳税款的，是偷税。对纳税人偷税的，由税务机关追缴其不缴或者少缴的税款、滞纳金，并处不缴或者少缴的税款百分之五十以上五倍以下的罚款；构成犯罪的，依法追究刑事责任。（依据《税收征收管理法》第六十三条第一款）

（六）子改分工作组成立文件模板

关于成立××××公司子改分工作组的通知

公司各部门：

为推进落实××××有限公司法人压减工作，顺利完成分公司设立和子公司注销，经研究决定，成立子改分工作组。工作组组成及分工如下：

一、子改分工作组组成

组　　长：×××

副组长：×××

成　　员：×××

实施部门：××××

二、工作分工

×××作为子改分工作组总负责人，全面统筹子改分各项工作；

×××负责银行账户开立和注销，税务登记和注销，分、子公司融资置换，会计核算衔接等工作，×××、×××进行协助；

×××负责各分公司项目备案、购售电合同签订等工作；

×××负责各项目与业主的协调工作，以及EMC合同签订等工作；

×××负责子改分工作相关的咨询、审计、评估、法律服务等方面招采工作；

×××负责子公司社保注销及分公司社保登记工作；

×××负责分公司工商设立、子公司市场主体注销等工作。

特此通知。

××××公司

××××年××月××日

（七）资产重组协议模板

资产重组协议

甲方（母）：AAAAAAAA 有限公司

营业地址：×××××××

法定代表人：×××

乙方（子）：BBBBBBBB 有限公司

营业地址：×××××××

法定代表人：×××

鉴于：

（1）乙方为甲方全资子公司，为落实国资委压缩管理层级减少法人户数的相关要求，优化企业组织和业务架构，提高公司整体经营管理效率，甲乙双方进行资产重组。

（2）乙方股东合法享有其资产的处置权。经股东决定，乙方同意将其全部资产以及与其相关联的债权、债务和劳动力一并转让给甲方的××分公司，所有资产、负债以账面价值转让。

（3）甲方经股东会批准，同意吸收合并全资子公司乙方，并将其全部资产以及与其相关联的债权、债务和劳动力一并转入甲方××分公司。甲乙双方经友好协商达成如下条款；双方同意，本协议中的所有条件、条款、声明、保证、附件均有法律上的约束力。

一、释义

除非文义另有所指，本协议及附件中的下列词语具有下述含义：

分公司：指甲方依法成立的 AAAAAAAA 有限公司××分公司。

签署日：指本协议中载明的甲乙双方签署本协议的时间。

重组日：指依据本协议规定甲方决定乙方划转全部资产、债权债务确定的审计截止日。

交割日：全部资产、债权债务实际划转截止日。

过渡期：指重组日至交割日经过的期间。

审计报告：指由甲乙双方协商确定的对依照本协议进行重组的甲方拟划入、乙方拟划出的全部资产、负债和所有者权益进行审计后出具的审计报告。

本协议所称的条件、条款、声明、保证、附件，乃指本协议的条件、条款、声明、保证、附件，本协议的附件经各方签字盖章确认，即构成本协议不可分割的组成部分，具有相应的法律约束力和证明力。

二、资产重组方案

甲乙双方同意按照下列方式进行资产重组：

1.甲方作为乙方的唯一股东，吸收合并乙方，即将乙方全部资产、债权、债务连同劳动力划转到甲方新设立的××分公司。乙方资产划转完成后注销。

2.乙方以其所在地区的所有业务、劳动力、资产、债权、债务按账面价值全部划转到甲方新设立的××分公司。

3.甲方以乙方划出资产、债权债务账面价值作为其××分公司入账价值。

4.双方约定重组日为××××年××月××日，除国家法律、法规另有规定外，本次重组在12个月内完成。在整体资产重组日到实际划转日过渡期的资产负债变化，以实际交割日账面价值为准。

5.乙方同意，在本协议签署日后12个月内，完成全部资产、债权债务划转后，依法办理公司税务和市场主体注销手续。

6.甲方实施资产整体划转后，注销长期股权投资，扣除投资成本后的净资产作为甲方权益。

7.划转的资产、债权债务、劳动力详见划转清单。

三、声明和保证

甲乙双方分别作如下声明和保证：

（一）设立和章程

1.甲乙双方分别为依法设立、有效存续的公司制企业，最近3年内未有任何严重违反国家法律、法规和政策的行为。

2.在签署日前，双方提交的所有营业执照、公司章程或主管部门有效批件均合法有效。

（二）投入的资产

1.乙方划转的资产，包括但不限于机器设备等，拥有合法的所有权或使用权，且合法占有和使用上述资产所需的法律文件均已取得。

2.乙方确保其上述划转资产未承担任何保证、抵押、质押、留置或其他法律上的担保负担，除了：

（1）在签署日前已经向对方作了真实、完整的披露；

（2）在签署日前提供给对方或中介机构的会计报表中作了真实、完整的披露；

（3）上述担保形式或其他法律上的负担并不实际减损上述任何财产的价值，或影响新设××分公司在正常的业务活动中对其进行使用。

3.就甲乙双方所知，或其应该知道的情况而言，除已向对方如实披露的情况外，不存在任何针对上述财产的未决诉讼，或是将要提起的任何诉讼、调查和其他法律行为。

4. 对固定资产已按一般会计原则计提折旧。

5. 从整体而言，上述财产状况良好，并获得适当的维护和修理；除正常耗损外，不会发生任何非正常的损耗；能够按照其现有的用途，继续在正常的业务活动中使用。

6. 除非征得对方书面同意，甲乙双方保证从签署日起至交割完成日前，将不就任何资产新设定担保或给予其他第三者不当权利。

7. 除了在正常业务活动中所发生的损失外，甲乙双方应各自对上述资产在相关期间内所遭受的损失负完全责任。

（三）诉讼

除了在签署日前，乙方已经向对方披露的情况外，不存在任何会对甲方××分公司的财务状况、业务活动产生严重不良影响的诉讼、仲裁或司法调查，无论上述诉讼、仲裁或司法调查是正在进行的，还是甲乙双方已知或应知可能发生的。

（四）财务报表

甲乙双方应依照本协议的规定，聘请中介机构审计，资产划转时一并提供审计后的财务报告。

甲乙双方保证其财务报告符合如下要求：

1. 按照相关会计凭证编制。

2. 真实和公允地反映了在各自的编制日的财务状况以及资产、负债（包括或有负债、未确定数额负债或争议负债），并概不受财务报告中没有披露的任何特殊项目或非经常项目的影响。

3. 根据国家规定的会计准则编制，并在相关的会计期间内保持编制基础的一致性。

4.在所有重大方面均完整及准确。

5.在资产负债表中反映的应收款项均代表了在诉讼时效内的有效债权。

6.不存在任何在其相关资产负债表中未予披露和反映的,但却需要按照前述国家规定的会计准则反映在资产负债表中的任何负债、责任或诉讼(无论是结清的,还是未结清的;无论是有担保的,还是无担保的;无论是已发生的,还是或有的)。

7.其他说明:

(1)除了已在签署日前通过正常的财务报表或其他途径向对方或中介机构作了披露的事项;

(2)在签署日之后,在正常的营业活动中发生的正常负债;

(3)依照本协议的规定和条款所发生的负债之外,没有任何其他的负债、诉讼、责任。

(五)税务事项

1.乙方若有违背税收法律、法规的行为,由此而造成的损失由其股东承担。

2.乙方负责办理资产划拨手续所涉及的增值税进项税额的转出、资产重组税务备案工作、资产划转完成后的税务注销工作。

(六)合同

在签署日前,不存在任何对上述重要合同和协议的违约行为;就甲乙双方所了解的情况而言,也不存在任何可能导致上述违约行为的情况;甲乙双方未收到任何中止或解除上述重要合同和协议的通知;甲乙双方履行本协议的义务也不会导致任何对上述重要合同的违约行为。

(七)特许经营

1.甲乙双方声明,乙方将转移其拥有能够继续从事目前业务所需要的所有特许、许可和授权。上述特许、许可和授权在签署日后将继续有效，且不因资产划转、组织机构的任何变化而发生改变。

2. 甲乙双方保证，上述特许、许可和授权在签署日后继续由甲方××分公司享有。

（八）保险

乙方拥有为进行正常的业务活动所必需的正式保单或临时保单，包括但不限于：财产一切险、机器损坏险、公众责任险、汽车险；所有这些保单均合法生效；乙方保证上述保单在签署日后将继续有效，并可以按照其条款获得执行；乙方未收到保险公司任何有关取消或将取消上述保单或减少承保范围和承保金额的通知。

（九）知识产权

在签署日后10日内，乙方应向对方披露其所拥有的全部知识产权，包括但不限于：商标、商号、专利、专有技术、商业秘密。乙方保证对其所拥有的上述无形资产享有合法的权利，在签署日之后资产划转转入的公司可以继续无偿占有或使用上述无形资产。乙方保证其对上述无形资产的使用没有也不会侵害其他方的任何专利权、商标权、专有技术或其他权利。

（十）劳动用工

甲乙双方遵守任何有关劳动用工的法律、法规，并不存在任何影响正常经营活动的劳动争议或劳动纠纷。所有员工全部随资产划转转入甲方新设立的××分公司。

（十一）必要的财产和权利

在签署日之后，甲乙双方保证××分公司继续拥有所有从事目前业务活动所必要的财产和权利，无论是不动产、动产、有形财产还是无形资产。

（十二）过渡期内的变化

甲乙双方保证在过渡期内：

1. 按照原有的正常方式从事业务活动，所有的资产应按照正常的经营方式加以使用和维护。

2. 在其财务状况、资产、负债方面没有发生任何不利的变化，或是对甲乙双方的正常营业产生不利影响的劳动纠纷，或是遭受任何意外损失（无论是否投保）。

3. 在正常营业活动外，没有发生任何其他负债和责任（无论是已发生的，还是或有的；也无论是已到期的，还是将要到期的）。

4. 与关联公司的交易没有发生任何不正常的变化，包括但不限于对关联交易协议的变更、签订新的关联交易协议或是关联交易的金额有显著的增长。

5. 没有将其任何财产（无论不动产、动产、有形财产和无形财产）进行抵押、质押或受制于其他法律义务，除非是在正常的业务活动中发生、依据法律规定而产生或是取得了对方的书面同意。

6. 没有取消或放弃任何债权或其他请求权，或放弃任何有价值的权利，或是出售和转让任何资产（无论不动产、动产、有形财产和无形财产），但在正常的营业活动中所发生的上述取消、放弃、出售和转让行为除外。

7. 没有处置、同意终止任何专利、商标或著作权，或是对任何重要的专利、商标的申请权，或是任何特许经营权；没有处置、向任何人披露任何商业秘密、专有技术，除非上述行为是发生在正常的业务活动中。

8. 给予企业员工的工资、奖金、福利等没有出现不正常增长的情况。

9. 没有对其在会计核算时所遵循的具体原则以及所采纳的具体会计处理方法进行变更。

10. 相关期间的未分配利润由双方依据国家相关法律法规协商处理。

（十三）信息真实性

甲乙双方在本协议，或按照本协议提交或将要提交的任何附件、声明和文件中，所作声明或保证不存在也不将发生任何不实陈述，不存在也不将发生任何遗漏（该遗漏的存在和发生将使他人对披露的信息发生误解）。

四、信息的查阅和公开声明

（一）信息的查阅

乙方将允许双方共同指定的中介机构的人员查阅账本、原始凭证和其他有关文件、资料，以完成相关报告和材料。

（二）公开声明

甲乙双方同意，除非法律另有规定，在重组日前，发布任何与本协议和本次资产重组有关的公开声明或其他公开信息，在发布前应经双方一致同意和确认。经双方一致同意和确认后发布的公开声明或其他公开信息，除非双方均同意，否则不能被撤回和撤销。

五、保密义务

在公告日前，任何由双方或本协议涉及的其他方提供的信息（在此之前，上述信息没有向社会公众作过公开披露，属于保密性质的信息），不能披露给除了双方各自的员工和财务顾问、法律顾问、双方指定的中介机构、本协议或法律（国家政策）允许或要求的人员之外的任何其他人员；如果本协议未能最终履行完成，上述信息如果是以书面形式提供的，则应向信息提供方返还其所提供的信息的书面材料，或是应信息提供方的要求销毁其所提供的信息材料，包括所有的原件、复印件、任何派生材料；任何一方在此后不得向第三方披露任何其他方的上述信息，或是为自身的利益而直接或间接地使用任何其他方的上述信息。

六、资产重组实施的前提条件

甲乙双方一致同意，资产重组完成应以满足下列条件为前提：

（一）声明和保证的持续真实

在本协议及其相关的文件、附件中，甲乙双方所作的声明和保证在所有重大方面均为真实的，不存在不实陈述或引人误解的重大遗漏，无论上述声明和保证是否为协议的条款。对方书面同意作出的变更则不在此限。

（二）遵守协议

甲乙双方履行了本协议的所有条款、附件、限制所要求的义务。

（三）政府批准

依据任何适用的法律、法规、政策、行政命令的要求，为签订和履行本协议或甲方××分公司今后经营现有业务所必需的、所有的政府机构的批准、同意、授权均已经取得，包括但不限于政府各部门在对甲方××分公司资产重组方案进行审查后，依据有关批复规定批准实施。

七、费用

甲乙双方在平等、自愿和友好协商的基础上同意，因本次资产重组工作而发生的一切合理支出，包括但不限于中介评估机构提供相关服务的费用、办理全部相关手续而发生的费用（如工商变更费用、财产权变更费用、相关税项、人员费用等），由双方自行支付。

八、不可抗力

如遇地震、台风、水灾、火灾、战争、国家政策调整等在订立本协议时各方所无法预见、无法避免和无法克服的事件，致使本协议规定的条款无法履行和履行已背离甲乙双方订立协议的初衷时，遇有上述不可抗力事件的一方，应在该事件发生后15天内，将经由当地公证机关出具的证明文件或有关政府批文通知对方，书面通知解除合同，否则要承担相应的违约责任。如上述不可抗力事件导致一方履行延迟时，该方不承担责任，但应在该事件发生后15天内，将经由当地公证机关出具的证明文件通知对方，并在不可抗力事件消除后立即恢复履行，否则要承担相应的违约责任。

九、违约责任

1. 若一方作出错误的声明、违反了其声明和保证、未能履行本协议项下的任何义务（统称违约行为），同意赔偿对方因其违约行为所直接或间接遭受的一切损失、费用，并承担相应的责任。

2. 若一方有上述之外的其他违约行为，守约方有权要求违约方赔偿相应的经济损失。

十、争议的解决

凡与本协议有关的或是在履行本协议的过程中甲乙双方所发生的一切争议，都应通过双方友好协商解决，当通过友好协商未能解决争议时，双方同意将上述争议提交给××仲裁委员会仲裁。

十一、协议的调整和解除

甲乙双方均理解本协议，依据本协议制订的资产重组方案需经本协议双方同意，且双方同意依据有关部门的批复对本协议进行修改。

十二、协议的生效、中止和终止

1. 本协议自甲乙双方法定代表人签字、加盖公章，并经法定程序批准后生效。

2. 经甲乙双方协商一致，本协议可通过书面协议中止执行。本协议中止后，双方经协商一致后可通过协议恢复履行。

3. 如依据本协议制定的资产重组方案未获得国家有关部门批准，则自收到该批复之日起，本协议及其所有附件均告终止。

十三、其他

1.本协议的解释、履行及争议的解决均适用中华人民共和国法律。

2.本协议为本次资产重组的原则方案，双方根据本协议签订合并协议，合并协议作为本协议附件，以最终完成重组工作。

3.本协议未经甲乙双方协商一致并以书面形式同意，任何一方不得单方面擅自变更、修改或解除本协议中的任何条款。

4.本协议的附件为本协议不可分割的组成部分，具有同本协议同等的法律效力。

5.本协议在订立和执行过程中出现的其他未尽事宜，由各方本着友好合作的精神协商解决。

6.本协议正本一式四份，双方各执两份，具有同等法律效力。

甲方：AAAAAAAA 有限公司

法定代表人：×××

日期：××××年××月××日

乙方：BBBBBBBB 有限公司

法定代表人：×××

日期：××××年××月××日

（八）债权人通知书模板

公司合并通知书

（债权人××××××）：

　　根据国资委压缩管理层级减少法人户数相关要求，为优化企业组织和业务架构，提高公司整体经营管理效率，AAAAAAAA 有限公司对全资子公司 BBBBBBBB 有限公司实施吸收合并。双方公司均已作出吸收合并的股东决议，并于××××年××月××日签订公司合并协议。根据《公司法》等法律法规规定，吸收合并完成后，BBBBBBBB 有限公司注销，其所有资产、人员、债权债务、合同权利义务等均由 AAAAAAAA 有限公司承继。AAAAAAAA 有限公司将前述资产、人员、债权债务、合同权利义务等整体划转至 AAAAAAAA 有限公司××分公司。

　　为了保护被吸收方公司债权人的合法权益，请 BBBBBBBB 有限公司的债权人自接到本通知书之日起三十日内，凭有效债权凭证要求公司采用清偿债务方式或提供相应的担保。债权人未在规定期限内行使上述权利的，公司合并将按照法定程序实施。

　　特此通知。

BBBBBBBB 有限公司

联系人：×××

手机号：××××××××××

××××年××月××日

（九）债务人通知书模板

债权转让通知书

（债务人××××××）：

  根据《中华人民共和国民法典》和相关法律的规定，以及我公司与母公司 AAAAAAAA 有限公司签订的《资产重组协议》，现将我公司对贵公司截至本通知日的所有债权，金额为人民币××××元（含暂估××××元），依法转让给 AAAAAAAA 有限公司××分公司，与此债权相关的其他权利也一并转让，包括本公司于通知日之后形成的债权一并转让。贵方在接到本债权转让通知书后，应向 AAAAAAAA 有限公司××分公司履行全部义务。

  特此通知！

AAAAAAAA 有限公司××分公司收款信息如下：

收款单位：AAAAAAAA 有限公司××分公司

统一社会信用代码：××××××××××××××××

开户银行：××银行股份有限公司××支行

银行账户：××××××××××××

BBBBBBBB 有限公司
××××年××月××日

函件回执单

送文单位	BBBBBBBB 有限公司		
收文单位	债务人××××××		
签收文件	债权转让通知书		
签收人		签收日期	

回执单请寄回至：

收件人：×××

手机号：×××××××××××

地址：××××××××××

（十）吸收合并公告模板（报纸）

关于公司合并的公告

根据国资委压缩管理层级减少法人户数相关要求，为优化企业组织和业务架构，提高公司整体经营管理效率，AAAAAAA 有限公司（统一社会信用代码：××××××××××××××××××）对全资子公司 BBBBBBBB 有限公司（统一社会信用代码：×××××××××××××××××，注册资本人民币××××万元）实施吸收合并。双方均已作出吸收合并的股东决议，并于××××年××月××日签订公司合并协议。根据《公司法》等法律法规规定，吸收合并完成后，AAAAAAA 有限公司存续，BBBBBBBB 有限公司依法注销，其所有资产、人员、债权债务、合同权利义务等均由 AAAAAAA 有限公司承继。合并前 AAAAAAA 有限公司注册资本为人民币××××万元，合并后注册资本为人民币××××万元。AAAAAAA 有限公司将前述资产、人员、债权债务、合同权利义务等整体划转至 AAAAAAA 有限公司××分公司。

为了保护被吸收方债权人的合法权益，请 BBBBBBBB 有限公司的债权人自接到通知书之日起30日内，未接到通知书的自本公告发布之日起45日内，凭有效债权凭证要求公司清偿债务或提供担保，逾期不提出的视为没有提出要求。公司合并将按照法定程序实施。

特此公告。

附　录

合　并　方：AAAAAAA有限公司

注册地址：××××××××××

联　系　人：×××　　手机号：××××××××××

被吸收方：BBBBBBBB有限公司

注册地址：××××××××××

联　系　人：×××　　手机号：××××××××××

××××年××月××日

（十一）吸收合并公告模板（国家企业信用信息公示系统）

关于 BBBBBBBB 有限公司合并公告

企业名称：BBBBBBBB 有限公司

统一社会信用代码：××××××××××××××××××

作出决定日期：××××年××月××日

公告日期：××××年××月××日

公告期限：××××年××月××日—××××年××月××日（45日）

公告内容：本公司已于××××年××月××日作出合并决定，采用吸收合并。本公司现有债权、债务将由合并后的公司 AAAAAAAA 有限公司（注册资本人民币××××万元）承继。请本公司债权人自本公告发布之日起45日内，与本公司联系，要求清偿债务或者提供相应的担保。

地址：××××××××××

联系人：×××

联系电话：××××××××××

（十二）关于合作主体变更的函的模板

AAAAAAAA 有限公司文件

××××函〔××××〕××号

关于合作主体变更的函

CCCCCCCC 有限公司：

自 AAAAAAAA 有限公司（简称"AA 公司"或"我司"）全资子公司 BBBBBBBB 有限公司（简称"BB 公司"）与贵司签署 EMC 合同以来，双方沟通高效、合作顺畅、成果显著。

为了更好地服务贵司，同时根据国资委对中央企业压缩管理层级减少法人户数的工作要求，AA 公司近期将计划与 BB 公司进行重组，由 AA 公司吸收合并 BB 公司，BB 公司所有资产、债权债务、合同权利义务等将由 AA 公司××分公司承继，重组工作完成后 BB 公司将予以注销，AA 公司将以 AA 公司××分公司为合作主体，继续以成熟的经验、严密的组织、严格的标准强化服务全过程管理，为贵司早日实现碳达峰碳中和贡献力量。

我司将于近期完成内部决策程序后商请贵司签署补充协议进行合作主体变更。

感谢贵司一直以来对我司的支持和帮助！

AAAAAAAA 有限公司

BBBBBBBB 有限公司

××××年××月××日

（联系人：×××　手机号：×××××××××××）

（十三）关于法人压减股东决定的模板

BBBBBBBB 有限公司
股东决定

BBBBBBBB 有限公司股东 AAAAAAAA 有限公司于××××年××月××日在公司会议室召开股东会，会议就公司合并事宜达成如下决定：

一、决定 AAAAAAAA 有限公司吸收合并 BBBBBBBB 有限公司，AAAAAAAA 有限公司继续存续，BBBBBBBB 有限公司解散，BBBBBBBB 有限公司所有财产、债权债务、劳动力由 AAAAAAAA 有限公司承继。

二、通过 BBBBBBBB 有限公司与 AAAAAAAA 有限公司签订的资产重组协议。

股东签字（盖章）：

××××年××月××日

（十四）EMC 合同补充协议模板

CCCCCCCC 有限公司 EMC 合同之补充协议

签订时间：××××年××月××日
签订地点：××××

甲方：CCCCCCCC 有限公司

法定代表人：×××

住所：××××××

乙方：BBBBBBBB 有限公司

法定代表人：×××

住所：××××××

丙方：AAAAAAAA 有限公司××分公司

负责人：×××

住所：××××××

上述签约方单独称为"一方"或统称为"三方"。

鉴于：

CCCCCCCC 有限公司和 BBBBBBBB 有限公司于××××年××月签订了《CCCCCCCC 有限公司能源管理合同》（以下简称"原合同"），现甲乙丙三方经过平等协商，在真实、充分地表达各自意愿的基础上，各方均同

245

意对原合同内容作出如下变更，并共同遵守：

一、合同主体变更

根据国资委对中央企业压缩管理层级减少法人户数的工作要求，现将原合同中乙方 BBBBBBBB 有限公司权利义务全部转让给丙方 AAAAAAAA 有限公司××分公司，由 AAAAAAAA 有限公司××分公司承继原合同中乙方全部权利义务。

二、乙方收款账户变更

原合同约定的乙方收款账户信息变更如下：

乙方收款单位：AAAAAAAA 有限公司××分公司

开户银行：××银行股份有限公司××支行

银行账户：××××××××××××

三、生效及其他

本补充协议是原合同不可分割的组成部分，与原合同具有同等法律效力。除本协议变更的内容外，原合同中的其他条款仍然适用，对甲乙丙三方均有约束力。

本协议自各方签字盖章之日起生效，一式××份，三方各执××份，具有同等法律效力。

【以下无正文】

[签署页]

甲方：CCCCCCCC 有限公司

（盖章）：

法定代表人或授权代表（签字）：

日期：××××年××月××日

乙方：BBBBBBBB 有限公司

（盖章）：

法定代表人或授权代表（签字）：

日期：××××年××月××日

丙方：AAAAAAAA 有限公司××分公司

（盖章）：

负责人（签字）：

日期：××××年××月××日

（十五）一般合同补充协议模板

BBBBBBBB 有限公司××××项目 EPC 总承包合同之补充协议

签订时间：××××年××月××日

签订地点：××××

甲方：BBBBBBBB 有限公司

法定代表人：×××

住所：××××××

乙方：EEEEEEEE 有限公司

法定代表人：×××

住所：××××××

丙方：AAAAAAAA 有限公司××分公司

负责人：×××

住所：××××××

上述签约方单独称为"一方"或统称为"三方"。

鉴于：

BBBBBBBB 有限公司和 EEEEEEEE 有限公司于××××年××月签订了《BBBBBBBB 有限公司××××项目 EPC 总承包合同》（以下简称"原

合同"），现甲乙丙三方经过平等协商，在真实、充分地表达各自意愿的基础上，各方均同意对原合同、原协议内容作出如下变更，并共同遵守：

一、合同主体变更

根据国资委对中央企业压缩管理层级减少法人户数的工作要求，现将原合同、原协议中甲方 BBBBBBBB 有限公司权利义务全部转让给丙方 AAAAAAAA 有限公司××分公司，由 AAAAAAAA 有限公司××分公司承继原合同、原协议中甲方全部权利义务。

二、甲方付款账户变更

原合同约定的甲方付款账户信息变更如下：

甲方付款单位：AAAAAAAA 有限公司××分公司

开户银行：××银行股份有限公司××支行

银行账户：×××××××××××××

三、生效及其他

本补充协议是原合同不可分割的组成部分，与原合同具有同等法律效力。除本协议变更的内容外，原合同中的其他条款仍然适用。

本协议自各方签字盖章之日起生效，一式××份，三方各执××份，具有同等法律效力。

【以下无正文】

［签署页］

甲方：BBBBBBBB 有限公司

（盖章）：

法定代表人或授权代表（签字）：

日期：××××年××月××日

乙方：EEEEEEEE 有限公司

（盖章）：

法定代表人或授权代表（签字）：

日期：××××年××月××日

丙方：AAAAAAAA 有限公司××分公司

（盖章）：

负责人（签字）：

日期：××××年××月××日

（十六）市场主体注销模板——企业注销登记申请书

企业注销登记申请书

\square 基本信息（必填项）			
名　　称		统一社会信用代码	
\square 普通注销原因（仅普通注销登记填写，根据企业类型勾选）			
\square 有限责任公司 及股份有限公司		□ 公司章程规定的营业期限届满或其他解散事由出现。 □ 股东决定，股东会、股东大会、外商投资企业（最高权力机构为董事会）董事会决议解散。 □ 因公司合并或者分立需要解散。 □ 依法被吊销营业执照、责令关闭或者被撤销。 □ 人民法院依法予以解散。 □ 被人民法院依法宣告破产。 □ 法律、行政法规规定的其他情形_____。
\square 非公司企业法人		□ 依法被吊销营业执照、责令关闭或者被撤销。 □ 被人民法院依法宣告破产。 □ 因合并而终止。 □ 法律、行政法规规定的其他情形_____。
\square 合伙企业		□ 合伙期限届满，合伙人决定不再经营。 □ 合伙协议约定的解散事由出现。 □ 全体合伙人决定解散。 □ 合伙人已不具备法定人数满三十天。 □ 合伙协议约定的合伙目的已经实现或者无法实现。 □ 依法被吊销营业执照、责令关闭或者被撤销。 □ 法律、行政法规规定的其他情形_____。
\square 个人独资企业		□ 投资人决定解散。 □ 投资人死亡或者被宣告死亡，无继承人或者继承人决定放弃继承。 □ 依法被吊销营业执照。 □ 法律、行政法规规定的其他情形_____。
\square 普通注销（仅普通注销登记填写）			
公告情况（内资非公司 企业法人、个人独资企 业无须填写）		□ 通过国家企业信用信息公示系统公告　　公告日期： □ 通过报纸公告　报纸名称：_____　公告日期：

注：本申请书适用于公司、非公司企业法人、合伙企业（以上类型包含内资和外资）、个人独资企业办理注销登记。

续表

分支机构注销登记情况	□已注销完毕	□无分支机构
债权债务清理情况	□已清理完毕	□无债权债务
清税情况	□已清理完毕	□未涉及纳税义务
对外投资清理情况	□已清理完毕	□无对外投资
海关手续清缴情况	□已清理完毕	□未涉及海关事务
批准证书缴销情况（外资企业填写）	□批准证书已缴销完毕	□不涉及批准证书
批准（决定）机关（批准的外商投资合伙企业填写）		
批准（决定）文号（批准的外商投资合伙企业填写）		
经济性质（非公司企业法人填写）	□全民所有制　　□集体所有制　　□联营 □其他 _____	
主管部门（出资人）（非公司企业法人填写）		
□简易注销（仅简易注销登记填写）		
企业类型	□有限责任公司　　□非上市股份公司　　□非公司企业法人 □个人独资企业　　□合伙企业	
国家企业信用信息公示系统公告日期	____年____月____日	
适用情形	□未开业	□未发生债权债务　　□债权债务已清算完结
	□无债权债务	□未发生债权债务　　□债权债务已清算完结

续表

	☐指定代表／委托代理人（必填项）	
委托权限	1. 同意　☐不同意　☐核对登记材料中的复印件并签署核对意见； 2. 同意　☐不同意　☐修改企业自备文件的错误； 3. 同意　☐不同意　☐修改有关表格的填写错误； 4. 同意　☐不同意　☐领取有关文书。	
固定电话		移动电话

（指定代表或者委托代理人身份证件复、影印件粘贴处）

指定代表／委托代理人签字：

年　月　日

☐申请人签署（必填项）

本申请人和签字人承诺提交的材料文件和填报的信息真实有效，并承担相应的法律责任。

申请人签字：

企业盖章
年　月　日

注：
　　1. 申请普通注销的已清算的公司、非公司外资企业、合伙企业由清算组负责人（清算人）签字；个人独资企业由投资人或清算人签字。
　　2. 申请普通注销的已清算的非公司企业法人和因合并或分立未清算的公司、非公司外资企业由法定代表人签字。
　　3. 申请简易注销的公司、非公司企业法人、非公司外资企业由法定代表人签字，合伙企业由执行事务合伙人（或委派代表）签字，个人独资企业由投资人签字。
　　4. 人民法院裁定清算（破产）的由其指定的清算组负责人（破产管理人）签字。

（十七）市场主体注销模板——合并方股东会决议（公告期前）

合并方股东会决议

××××公司（母公司）全体股东于××××年××月××日在公司会议室召开股东会，会议就××××公司（子公司）合并到××××公司（母公司）事宜达成如下决议：

一、决定公司与××××公司（子公司）合并，合并方式为吸收合并，本公司继续存续，××××公司（子公司）解散，其所有财产、债权债务由本公司承担。

二、通过本公司与××××公司（子公司）签订的合并协议。

全体股东签字：

××××年××月××日

（十八）市场主体注销模板——被合并方股东会决议（公告期前）

被合并方股东会决议

××××公司（子公司）全体股东于××××年××月××日在公司会议室召开股东会，会议就公司合并事宜达成如下决议：

一、决定公司与××××公司（母公司）合并，合并方式为吸收合并，××××公司（母公司）继续存续，本公司解散，本公司所有财产、债权债务由合并后的存续公司承续。

二、通过本公司与××××公司（母公司）签订的合并协议。

全体股东签字：

××××年××月××日

（十九）市场主体注销模板——吸收合并协议（公告期前）

吸收合并协议

甲方：××××公司（母公司）

法定代表人：×××

乙方：××××公司（子公司）

法定代表人：×××

甲、乙双方于××××年××月××日在会议室召开会议，经双方讨论，就甲方吸收合并乙方事宜一致达成如下协议：

一、合并双方为：甲方：××××公司（母公司）；乙方：××××公司（子公司）。

二、甲、乙双方实行吸收合并，甲方吸收乙方而继续存在，乙方解散注销。

三、甲、乙双方合并后的公司名称为：××××公司（母公司）。

四、甲、乙双方合并后的公司注册资本为：×××万元人民币（股权结构为：股东×××出资×××万元，股东×××出资×××万元）。

五、甲、乙双方合并前所有债权债务均由合并后的××××公司（母公司）承继。

六、××××公司（子公司）无分公司，无对外投资（如果有分公司和对外投资的话情况写清楚，处置情况也写清楚）。

七、本协议未尽事项，由甲、乙双方代表协商决定。

八、本协议于××××年××月××日在会议室签订。

甲方：　　　　　　　　　乙方：

法定代表人签字：　　　　　法定代表人签字：

　　　　　　　　　　　　　　××××年××月××日

（二十）市场主体注销模板——被合并方债务清偿或者提供担保情况的说明（公告45日后）

被合并方债务清偿或者提供担保情况的说明

××××公司

债务清偿或者提供担保情况的说明

××××公司（母公司）与××××公司（子公司）合并，并于××××年××月××日在《××××》上刊登了合并公告。

至××××年××月××日（报后45日），无债权人要求公司清偿债务或要求公司提供相应的担保。

法定代表人签字：

××××公司（子公司）盖章：
××××年××月××日（报后45日）

附　录

（二十一）市场主体注销模板——合并后注销公司的股东会决议（公告 45 日后）

××××公司股东会决议

××××公司（子公司）全体股东于××××年××月××日（公告 45 日后）在会议室召开股东会议，讨论通过如下决议：

同意公司被××××公司（母公司）吸收合并，合并后公司申请注销。

公司被吸收合并后，公司的债权债务由××××公司（母公司）承继并负责处理。

××××公司（子公司）全体股东签字：

承继公司××××公司（母公司）全体股东签字：

××××年××月××日（公告 45 日后）

致　谢

　　这本书从酝酿到写作完成花了整整一年时间，其中7个月时间用于子改分实践，主要精力放在解决子改分过程中涉及的备案变更、税务注销、市场主体注销等实务问题，5个月时间用于总结复盘。

　　这本书能够付梓，首先要感谢朝夕相处的同事，我们能够在短时间内完成看似不可能完成的任务，团队的力量是第一位的，每天我们白天各自奔赴全国各地，晚上6点准时线上开会，一起分享成功经验，一起针对疑难杂症讨论解决方案，有时一讨论就是几个小时。还记得，我们为群里发了一张主管税务机关盖章的企业重组所得税特殊性税务处理报告表扫描件而点赞叫好，为群里发了一张税务机关盖章的增值税一般纳税人资产重组进项留抵税额转移单扫描件而欢欣鼓舞，为群里发了一张清税证明扫描件而欢呼雀跃。这些同事分别是何宇、王瑜琳、刘玉杰、刘明、张璐、覃蓝琪、余可可、郭倩、党晨朗、蔚娟、梁睿轩、何若男、张珺仪、任小军、闫立栋、王雨佳、刘林、吕健。

　　感谢股东单位各级领导的大力支持，是他们提供了源源不断的资源支持和精神鼓励。

　　感谢几位同事为本书做了细致的核稿工作，他们是郭嘉铭、刘莹。

　　感谢家人理解，由于常年工作繁忙，在外地出差的天数比在常驻地还

致　谢

多，是家人们承担了大部分家务和子女抚养的任务。

最后，要特别感谢咨询机构、政府机关等单位的热心朋友在子改分工作中给予的支持和帮助，他们分别是：

湖北新华税务师事务所有限责任公司 总经理 查燕云

湖北溥博律师事务所 合伙人 郭莹辉

大华会计师事务所（特殊普通合伙）授薪合伙人 沈彦波

湖北省武汉经济技术开发区（汉南区）行政审批局 何学鹏

利威股权 李利威 陆浩杰 邓智超

本书虽然聚焦子改分的流程和业务细节，但横跨税务学、会计学、法学、投资学、管理学等众多学科，由于本书作者才疏学浅，加上时间、精力、能力有限，书中难免有一些疏漏之处，欢迎读者批评指正。

编著者

2024 年 10 月 1 日于上海